国語授業の改革15

国語科の「言語活動」を徹底追究する

学び合い、学習集団、アクティブ・ラーニングとしての言語活動

「読み」の授業研究会 編

学文社

はじめに

二〇〇八年に「言語活動」が提起されて以来、様々な授業が展開されてきました。目標を具体的に設定しながら言語を大事にし、子ども相互の学び合いを大切にする授業が展開されることもありました。しかし、特に国語について言えば、活動主義的な「言語活動」の授業が全国で散見されたことも事実です。

「言語活動」についての総括が十分に行われないままに、今「アクティブ・ラーニング」が新たに提起されつつあります。このままでは活動主義的な国語の授業が拡大再生産される危険があります。

学習指導要領「国語」では、「言語活動」例として「物語や詩を読み、感想を述べ合う」「物語などを読み、~感想を交流する」「記録や報告の文章を読んで~読み合う」「相手を説得するために意見を述べ合う」などが挙げられています。「解説」中には「調べたことやまとめたことについて、討論をする」もあります。この際「述べ合い」「交流」「読み合い」「討論」など、子どもが相互に学び合う要素を特に重視して「言語活動」を展開していくことが効果的と考えます。「アクティブ・ラーニング」もその方向で捉えれば、活動主義を防ぐことができます。それは「学習集団」「学び合い」を生かす授業です。

本号では「言語活動」「アクティブ・ラーニング」の授業を、「学習集団」「学び合い」を生かす授業として捉え直しながら、新しい国語の授業のあり方を追究していきます。

第Ⅰ章では、阿部昇が学習集団・学び合いを生かした授業が今なぜ必要なのかを論じます。そのうえで物語・小説、説明的文章などの新しい授業のあり方を示します。第Ⅱ章では、学習集団・学び合いの指導スキルを示します。第Ⅲ章では、学習集団・学び合いを生かした小学校の古典の授業を取り上げます。第Ⅳ章では、気鋭の研究者に国語科の「言語活動」について論じていただきます。

『国語授業の改革15』には、その名のとおり国語の授業を改革する切り口がたくさん含まれています。

二〇一五年八月

読み研代表　阿部　昇（秋田大学）

目次

【問題提起】

1 「言語活動」そして「アクティブ・ラーニング」をどうとらえたらいいのか
――身につける国語の力と「言語活動」「アクティブ・ラーニング」―「学習集団」「探究型」

阿部　昇（秋田大学）

1 「言語活動」についての総括なしの「アクティブ・ラーニング」の危うさ

二〇〇八年に学習指導要領で「言語活動」の充実が提起されて以来、約七年間にわたって様々な授業が展開されてきた。「言語」に着目した学習活動の提起という、それ自体は評価できる要素をもった提起ではあった。しかし、国語について言えば明らかに活動主義的な授業が全国に散見された。「物語の展開から好きなところを見つける」といった曖昧な「ねらい」で「リーフレットづくり」などの授業を展開するため、活動そのものが自己目的化するという活動主義が生まれていた。[1]

一方で「言語」を大事にし「目標」を具体的に設定しながら子ども相互の関わり合いを大事にする授業もある。たとえば秋田県などでは、活動主義に陥ることのないよう留意しつつ「探究型」授業で一定の成果を上げた。

「言語活動」についての課題と成果の総括が十分に行われないままに、今「アクティブ・ラーニング」が新たに提起されようとしている。次の学習指導要領に具体的にどういう形で位置づくのかは不明だが、既に文部科学省が発信をしつつある。

文部科学省は現段階では「アクティブ・ラーニング」を「課題の発見と解決に向けて主体的・協働的に学ぶ学習」としている。[2] しかし、これだけでは授業に様々な子ども「主体」の「協働」的活動を持ち込めばそれでよいということになる危険がある。「言語活動」の際に生じた危うさが拡大再生産される可能性がある。

「アクティブ・ラーニング」は大学の教育で使われてきた方法だが、小中高の場合、具体的にどういう授業を構想しているのか。「アクティブ・ラーニング」はそもそもなぜ必要なのか。「アクティブ・ラーニング」によってどういう力が身につくのか。—などが曖昧なままである。文部科学省は中央教育審議会に諮問をしている。プロジェクトチームを作ってより具体的な検討をしているとも聞く。どういう答申・報告がそこから出てくるのか不明であるが、「言語活動」についての総括がされないままの答申・報告とすると危うさが伴う。（文部科学省は「言語活動」と「アクティブ・ラーニング」の関係も明示していない。）ポイントは、他ならぬ「アクティブ・ラーニング」によってどういう力を身につけるのか、つまりどういう教科内容が想定されているのかである。

2　国語科の「教科内容」と「教材研究」の再構築なしに教育方法だけを「工夫」しても限界は見えている

これまで国語科教育には、二つの大きな問題があった。一つは国語の授業で子どもに学ばせ身につける力、つまり教科内容が極めて曖昧であったことである。もう一つは教材研究が貧弱なレベルのままに目標や方法が論じられ授業が展開されてきたということである。それらを放置したまま新たな方法を持ち込んでも限界は見えている。

まず教科内容の問題である。「言語活動」も「アクティブ・ラーニング」も、それによってどういう国語の力がつくのか、その具体が論じられないままに、方法だけの検討に終始するのでは、新しい活動主義が生まれるだけである。これまでも「単元を貫く言語活動」の授業では、たとえば「優れた叙述や表現の工夫に着目し、自分の考えをまとめる」などの学習指導要領と同じ抽象度の目標を設定し、ペープサイトづくりなどを指導しているものがあった。しかし、このレベルの目標だと、ペープサイトづくりなどの活動に多くの時間がかけられ、肝心の「優れた叙述や表現の工夫」についての学びは薄いままに終わる可能性が高い。「アクティブ・ラーニング」もその二の舞となる。国語科の教科内容の再構築、それも①具体的であること、②系統的であること、それゆえ③体系的であることを重視した再構築が求められる。

もう一つは教材研究の問題である。授業そのものを見ても指導案を見ても、教材研究の薄さが透けて見えてくるものが多い。これは、現在、様々に出版されている国語科教育関係の本や雑誌を見ても同じである。より「先進的」なものがそれらには掲載されているはずだが、いずれも教材研究が薄い。表層レベルの教材研究が多い。仮に深層レベルであっても恣意的な教材研究がほとんどである。残念ながら国語教科書の指導書も、一部を除き教材研究の部分は弱い。教材研究が表層で止まっていたり恣意的であったりしているために、「目標」の曖昧な、発見のない国語の授業が多くなる。

　それらを再検討・再構築する中で「言語活動」「アクティブ・ラーニング」が検討されるのであれば、新しい国語の授業の展開可能性が見えてくるかもしれない。しかし、今その動きが連動して起こっているようには見えない。右の二つの再検討を行わないまま、「主体的・協働的に学ぶ」などの方法を工夫しても限界は見えている。

3　新しい「教科内容」が新しい「教育方法」を求める

　これまでの国語科教育では、子どもに身につけ学ばせるべき能力、つまり教科内容が曖昧であったことを指摘したが、教科内容そのものを根本から見直す必要が出てきている。具体化、系統化、体系化の必要性を述べたが、それを旧来の国語学力観の枠を超えられないままで行ったのでは成果が薄い。今、求められているのは、これまで十分に注目されてこなかった新しい国語の力（教科内容）である。ＰＩＳＡの「キー・コンピテンシー」などとも深く関連するが、たとえば「メタ認知力」「批判的思考力」「主体的判断力」「価値創造力」「社会的実践力」などが含まれる。これは、すべての教科に通底する要素もあるが、国語科独自の教科内容としても設定できるものである。次はそういった国語の力の概観図である。

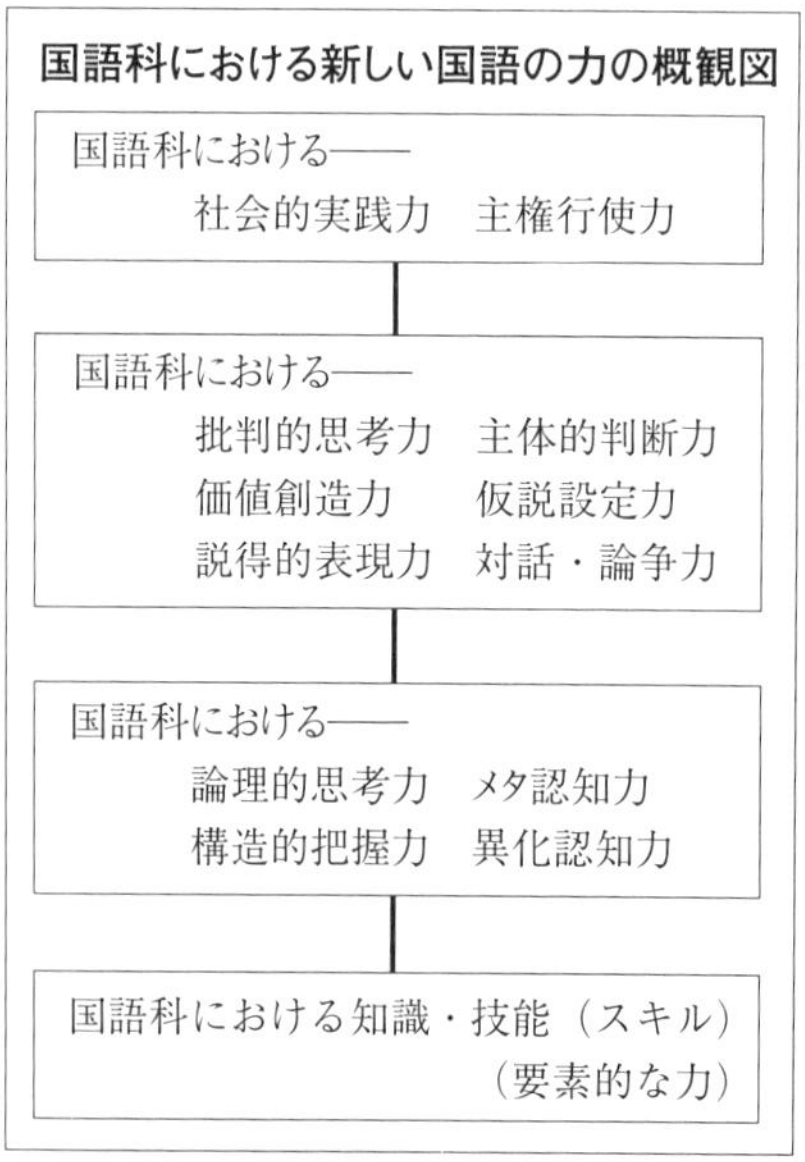

これらは、従来の国語の力を再構築しつつ新しい要素を構造的に位置づける中で完成する。（読み研が追究してきた説明的文章や文学作品の「吟味よみ」は、特にそれらに深く関わる。もちろん「構造よみ」「論理よみ」「形象よみ」も様々な形で関わる。これらは「読むこと」だけでなく「書くこと」「聞くこと」「話すこと」分野にも関わる。この詳細については次の機会に論じたい。）

新しい国語力を子どもに学ばせ身につけさせるためには、これまでとは違う新しい教育方法が必要となる。

国語科の一定の「知識」「技能」については、旧来型の授業でも、教師が丁寧な発問や助言、説明をしていくことで、ある程度までは身につく。それらを全て否定するものではない。しかし、そこには限界がある。それだけではこれから必要となる力を子どもが身につけることは難しい。子ども相互が多様に関わりながら学びを展開していく授業抜きに、そういう力をつけることは難しい。

しかし、文部科学省は「こうした学習・指導方法（「アクティブ・ラーニング」のこと・阿部注）は、知識・技能を定着させる上でも、また、子供たちの学習意欲を高める上でも効果的であることが、これまでの実践の成果から指摘されています。」と述べているだけで、新しい学力観（教科内容）に対応した新しい教育方法という発想をもっているようには見えない。「アクティブ・ラーニング」「言語活動」を生かすためには、新しい教育内容が新しい教育方法を求めるという発想が必要である。

だから、その授業で、どれくらい子どもたちが価値のある課題を検討し論じ合っているかを問わないといけない。どういう質の試行錯誤がそこで展開されているかを問わないといけない。どういう対話・討論の深まりと多様性がそこで生まれているかを問わないといけない。そして、その過程を通して子どもがどういう教科内容を身につけていくのかを具体的に問わないといけない。

仮に子どもたちが生き生きと楽しそうに学んでいたとしても、身につく力が薄いこともある。多くの子どもが「達成感」や「喜び」を強く感じていたとしても、多くの子どもが「力がついた」「出来た」と実感したとしても、本来求められる力がついていないこともある。

4 「探究型」授業を核とした「アクティブ・ラーニング」

そういう前提で「アクティブ・ラーニング」「言語活

動」を見ていくと、日本には戦後、優れた教育研究上・教育実践上の遺産があることに気づく。それは「学習集団」の授業である。「学び合い」と言う場合もある。

一つの課題をめぐって子ども相互が検討し合い論議し合い、試行錯誤をしていく授業である。その流れの中で生まれてきたのが「探究型」と言われる教育方法である。私は、「アクティブ・ラーニング」「言語活動」が目指すべき方向の一つとして「探究型」授業を提起したい。

その授業展開には、様々な形態があるが、たとえば次のようなものである。学習課題を教師と子どもたちとで検討をしながら創り上げる。「本論2の説明の仕方に納得がいかないのはどうしてか」などの課題である。それをめぐり、まずは子どもたち一人一人が教材を再読し理由を探っていく。そのうえで数人のグループでそれを交流し検討する。そこでは、見解の相違も生まれる。対話・討論の中での新たな発見もある。試行錯誤も生まれる。それを今度は学級全体に出していく。そして学級全体で課題を追究していく。そういう過程で、筆者の論理展開に説明の不足があること、たとえば「聞こえる」と「聞き分ける」をきちんと使い分けていないことなどの文章の不十分さに子どもは気づいていく。その中で文章の吟味の方法、批判の方法を身につけていく。

そのような授業は、「新しい国語の力」をつけていくために必須のものである。グループや学級での交流・検討の中で、子どもたちの対象（教材等）への多様な見方が重層的に生まれていく。少しずつメタ的な見方もできるようになっていく。対話・討論が展開されると、評価的・批判的な見方ができるようになる。それらの過程でそれぞれの子どもの内言の外言化が繰り返し行われ、自己内対話も進む。これらの過程は、「メタ認知力」「批判的思考力」「主体的判断力」「価値創造力」「社会的実践力」などを身につけていくために是非必要なものである。

ただしグループや学級での交流・検討や対話・討論が展開されれば、自然にそういう力がつくわけではない。その交流・検討や対話・討論を通じて、どういう多様性、変容、試行錯誤、外言が生まれていくかが重要である。そして、それらを通してどういう力を子どもに学ばせ身につけるかという教科内容（目標・ねらい）が明確にあるかどうかが問われる。目標・ねらいは、「振り返り」などで子どもたちにも意識化させていく必要がある。

そう考えると「探究型」授業では「学習課題の質」と「集団による交流・検討や対話・討論の質」が重要となる。

（1）学習課題の質

子どもたちと教師で検討しながら創り出すとは言え、全て子ども任せでは質の高い課題は生まれない。教師の側である程度、質の高い課題の（選択）可能性を準備する必要がある。課題には①子どもたちが迷い揺れるような質のものであること（AかBかの決着はすぐに着いても「なぜBではなくAなのか」の理由をめぐって多様な見方が出てくることが重要である）。その意味で②子どもたちの既有の知識やスキル、認識方法、方略などではクリアに解決できない、解決しにくい要素を含むこと。③だから子どもに「飛躍」を求め、実際に試行錯誤を経て子どもに「飛躍」が生まれること。④その試行錯誤、飛躍を通じて子どもたちに新しい発見、知識・スキル、認識方法、方略が身についていくこと。―が求められる。

（2）集団による交流・交換や対話・討論の質

グループや学級での子ども集団相互の交流・交換、対話・討論の中で、多様な学びが立ち上がる。一人の学びも大切だが、集団が深く関わり合うことで新しい学び、新しい発見が生まれる。（そのために組織、学習リーダー等が必要となる。その指導も重要な位置を占める。）

集団による交流・交換や対話・討論では、次のような様々な思考過程が生まれてくる。

① 外言化の機会が飛躍的に増える

授業では内言の外言化が重要な意味をもつ。内言は子どもが自分で思考する際に使っている言語である。それを誰かに外言として説明する際に、内言の省略や短縮を復元し曖昧な認識を明示化し、順序を整える等の再構築が必要となる。通常の学習でも内言の外言化は行われているが、子ども集団相互の多様な関わり合いでは、内言の外言化の機会が飛躍的に増える。書くという外言化もそこに組み合わせられる。もちろん教師は、その機会を意識して多く創り出す指導を行う必要がある。

② 多様で異質な見方を交流する

自分では気がつかなかった違った見方、新しい見方を集団相互の交流・交換によって知ることができる。それ自体に価値がある。一面的な見方に固執することがなくなってくる。ただし、異質な見方にすぐに納得という場合だけではない。納得できないことも大切である、それは、⑤で述べる対話・討論につながる。

③ 相互誘発型・相互連鎖型の思考が生まれる

一人で思考しているときに比べ、集団による思考は、複数の見方が構造的に組み合わされる。そして、新たな見方を生み出す。その中でも、一つの見方が次の見方を誘発し、それがまた別の見方を生み出すという過程が生まれる。思考の模倣・誘発・連鎖・総合である。

魚の聴力について書かれた文章中に、ある養魚場の鱒による実験から「これで、魚が音を聞き分けるということが、はっきりわかった」と結論づけてある部分があった。それについて、ある子どもが「この鱒の実験だけで『魚が』って結論を出していいのかな?」と発言する。それが、以前学んだ「他の可能性を無視していないか」という吟味の方法にあたることに他の子どもが気づく。それがきっかけとなり「それなら、この毎朝八時の教会の鐘で鱒が集まってくる実験も、他の可能性無視してないかな。」「時間を覚えていて八時に来るだけかもしれない。」という気づきが生まれる。さらに「教会の鐘だけで実験してるのに『聞き分ける』って言っていいのかな。」という新たな疑問が生まれる。

④ 共通性・一貫性に向かう思考が生まれる

一人一人が意識しないで出した見方が構造的に組み合わされ、共通性・一貫性が立ち上がってくることがある。

「大造じいさんとガン」の「『秋の日が、美しくかがやいていました。』って綺麗だと思うけど、これって物語に関係ないんじゃない?」と子どもが発言する。すると、別の子どもが「この作品は物語と関係のない情景が多い。」と発言し、そのことから「物語に関係ないかもしれないけど、意味ありそう。」「大造じいさんの気持ちと情景が合う。」などと情景描写の象徴性に気づいていく。

「故郷」の導入部で「私」は「故郷は、まるでこんなふうではなかった」と思う。しかし、すぐに「こんなふうだったかもしれない」と自らの見方を否定する。そのうえで故郷には「進歩もないかわりに」「寂寥もありはしない」と考え、結局「自分の心境が変わっただけ」なのだと結論づける。ある子どもが、この「私」の考え方が面白いと発言したことがきっかけとなり、別の子どもが「それは、終結部の私の『希望』に対する考えの変化と似ている。」と、導入部と終結部の重なりに気づく。

これらは作品をメタ的に認知する過程と言える。

⑤ 相違・対立による弁証法的思考が生まれる

意見の相違・対立が起こる場合、対話・討論が起こる。そこから新たな発見が生まれる。複数の見方が構造的に組み合わさることで新たな見方を生み出す点は③④と同じだが、ここでは弁証法的な思考過程が生まれている。

「ごんぎつね」のクライマックスについて二つの意見で対立が起きる。「ごんを、ドンとうちました。」と、「ごん、おまいだったのか、いつも、くりをくれたのは。」の二つである。それをめぐり読者へのアピールの高さ、描写性の濃さ、出来事の重要性などの観点からの発言が出る。しかし、それだけでは決着がつかない。そこで作品全体を俯瞰して、主要な事件とは何かを追究していく。すると「あんないたずらをしなけりゃよかった。」「おれと同じ、ひとりぼっちの兵十か。」などへの着目が始まり「ごんと兵十の相互の見方のすれ違い」が主要な事件であることに気づく。物語全体の事件展開を構造的に俯瞰しながらクライマックスに着目できるようになる。これを通じて構造、伏線など様々な仕掛けに気づいていく。

論説文「生き物は円柱形」などでも、筆者の仮説に納得できるか、できないかをめぐっての討論で様々な発見が生まれる。意見の相違による討論が生まれることで、筆者の説得の仕方の工夫や弱さが顕在化していく。

①～⑤のいずれの過程でも、多様な自己内対話が一人一人の子どもに生まれている。

＊

「アクティブ・ラーニング」や「言語活動」の大きな柱の一つとして、学習集団を生かした「探究型」授業を位置づけることが必要である。それにより、新しい国語の授業が生まれる可能性がある。その場合「新しい国語の力」（教科内容）を意識すること、その具体性、系統性、体系性を重視すること、教材研究の深さ豊かさを追究することが必須である。

注

（1） 阿部昇『単元を貫く言語活動』は『活動主義』を導き出す可能性をもつ」読み研編『国語授業の改革14』二〇一四年、学文社、八六–九一頁

（2） 文部科学省「初等中等教育における教育課程の基準等の在り方について（諮問）」二〇一四年

【言語活動を生かしたあたらしい物語・小説の授業】

2 「言語活動」を生かして物語・小説の「構成」と「クライマックス」を読む力をつける
――教材「ごんぎつね」(小4)と「あめ玉」(小5)を使って

加藤 辰雄(愛知県立大学 非常勤)

1 物語・小説の「構成・構造」のとらえ方

物語・小説を読む場合、作品全体の「構成・構造」を意識しないで、場面ごとに前から順番に詳しく読んでいく授業をよく見かける。この指導方法では、主要な事件は何なのかを全体を俯瞰しながらつかむことができない。また、長い作品の指導では読み取りに膨大な時間がかかってしまう。

限られた授業時間の中で効果的に読む力を育てていくには、まず「構造よみ」でクライマックスに着目しながら物語・小説全体の「構成・構造」を読んでおいてから、詳しく形象を読み進めていくことが有効である。

「構造よみ」では阿部昇が『国語力をつける物語・小説の「読み」の授業』(二〇一五年、明治図書)で提唱している次の四つの類型を手がかりに作品を読み進めていく。

四部構造 導入部―展開部―山場―終結部
三部構造A 導入部―展開部―山場
三部構造B 展開部―山場―終結部
二部構造 展開部―山場

そのうちの四部構造を次頁に示す。

右のいずれについても「クライマックス」への着目を重視する。クライマックスは、作品の中で事件の流れが決定的となるところである。クライマックスがわかれば、そこへ向かって事件が高まっていくことに気づき、作品の事件の全体像を容易につかむことができる。クライマックスを見つける指標としては、阿部昇が前掲書で述べている次の三つを手がかりにする。

A 事件がそこで決定的となる
（人物相互の関係性、人物の内面の葛藤、人物と状況との関係性の決定するところ）

B 読者により強くアピールする書かれ方になっている
（描写の密度が特に高い、緊迫感・緊張感が高い、技法や表現の工夫がされている）

C 作品の主題に強く関わる

実際の授業では、最初はAを中心にしてクライマックスを見つけ、あとからB、Cを押さえるようにする。慣れてきたら、A、B、Cを総動員して、いろいろな視点からクライマックスを見つけるようにする。

2 「あめ玉」（新美南吉）の「構成・構造」を読む

「あめ玉」（新美南吉）（光村図書・小5）は、わたし舟で起こった二人の子ども連れの母親と、黒いひげを生やしたさむらいとによって事件が展開する作品である。一つのあめ玉をめぐって二人の子どもがだだをこねる。いねむりをしていたさむらいは、刀をぬいて「あめ玉」を出せと迫る。おそるおそる母親はあめ玉を出す。すると意外なことに「さむらいはそれを舟のへりにのせ、刀でぱちんとわり」「二人の子どもに分けてや」る。

四部（導入部―展開部―山場―終結部）の構成・構造である。

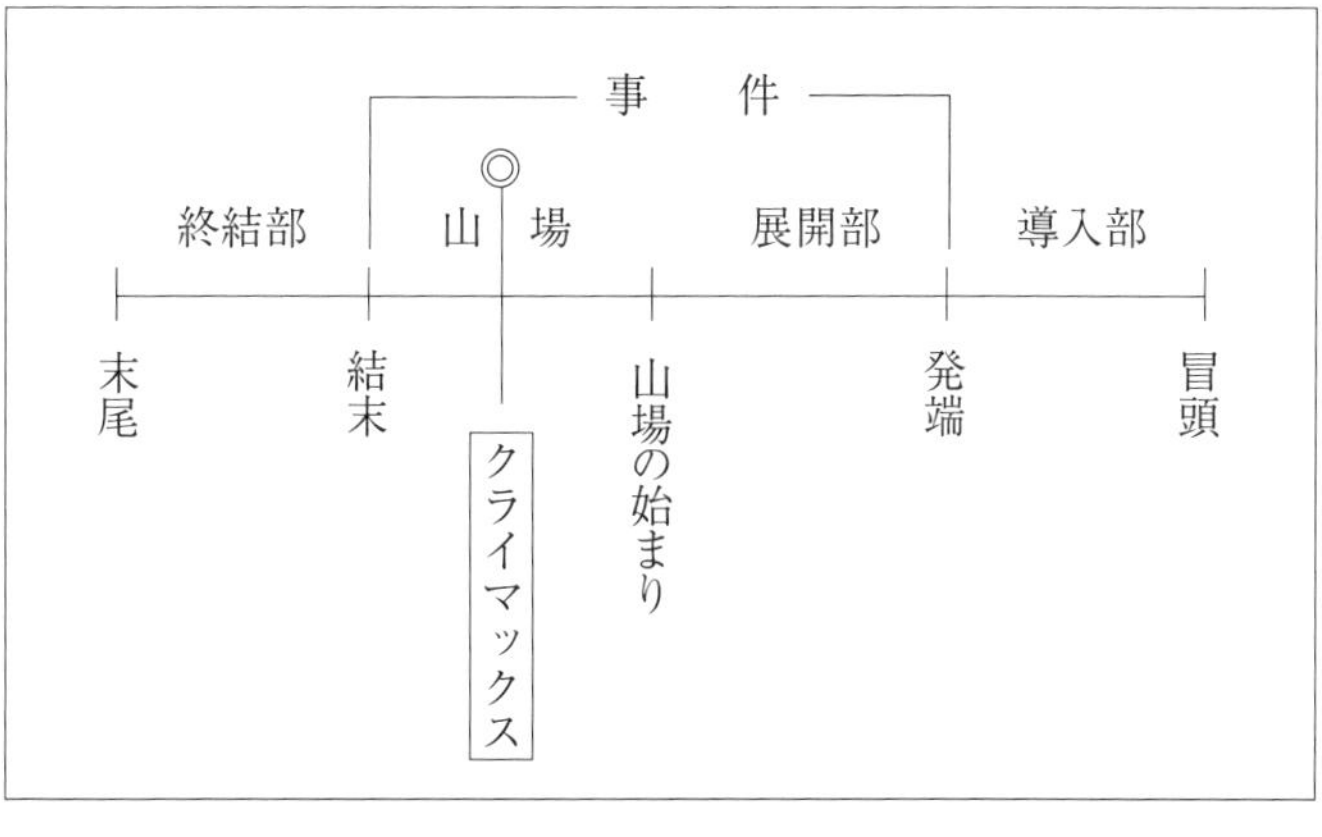

事件の始まりである「発端」は、「舟が出ようとすると、『おうい、ちょっと待ってくれ。』と、土手の向こうから手をふりながら、さむらいが一人走ってきて、舟に飛びこみました。」である。

そして、クライマックスは今述べた「さむらいはそれを舟のへりにのせ、刀でぱちんと二つにわりました。／そして、／『そうれ。』／と、二人の子どもに分けてやりました。」である。ここで事件の流れが「決定的」となる。この作品では、読者のさむらいに対する見方が変わることも重要な要素である。よく読んでみると、この物語の語り手は、一貫して母親に寄り添い重なりながら語っている。黒ひげを生やして強そうなさむらい像、傍若無人に見える態度に描かれたさむらい像は、さむらいという既成概念にとらわれている母親の心理によって巧みに構成されたさむらい像である。読者も母親と同じ心理でさむらい像を思い描く。

それが、クライマックスの部分に描かれているさむらいの行動を見て、読者のさむらいに対する見方が決定的に変わる。すなわち、読者にはさむらいが刀を抜いた理由がわかり、外見とは違うさむらいの優しさに気づく。さらに、「そうれ。」と優しく声をかけるさむらいを見て、一層さむらいの優しさがわかるのである。もちろん、母親もさむらいの優しさに気づいたであろうと想像できる。

それは、さむらいが「黒いひげを生やして強そう」であるという人物設定や、「すると、さむらいがすらりと刀をぬいて、お母さんと子どもたちの前にやって来」て、「あめ玉を出せ。」と言った緊迫感のある事件展開と深く関わる。それらの伏線があるからこそ、クライマックスでの意外な展開が効果的となる。

このように、クライマックスがわかると、クライマックスに向かって作品の形象がどのように仕掛けられているかを把握することができ、作品全体の構成がはっきり見えてくる。また、クライマックスに関わり、作品の主題も仮説的に予想できる。

3 「ごんぎつね」(新美南吉)の「構成・構造」を読む

「ごんぎつね」(新美南吉)(小４・光村図書他)は、三部構造Ａ(導入部―展開部―山場)である。終結部がなく、兵十がごんを火縄銃で撃ち、「青いけむりがまだつつ口から、細く出ていました。」という余韻を残して読者に兵十の思いを想像させるような終わり方になっている。構造表は次頁のようになる。

クライマックスは、兵十が火縄銃に火薬をつめ込み「そして、足音をしのばせて近よって、今、戸口を出よ

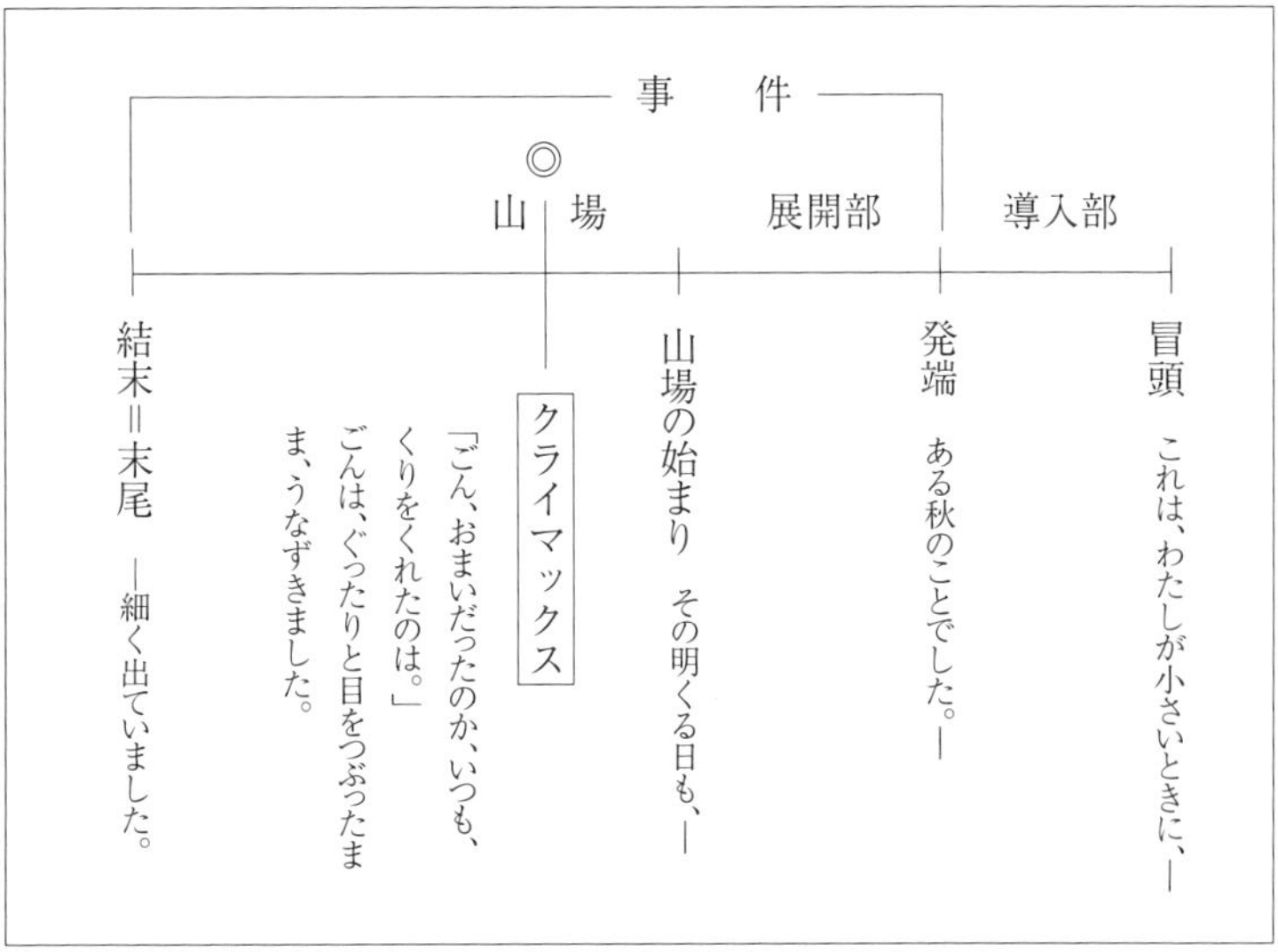

うとするごんを、ドンとうちました。」という箇所であるという見方もある。兵十はごんのことを「ごんぎつねめ」「ぬすっとぎつねめ」と恨んでいて、さらにごんが兵十の家の中まで入ったので、ドンと撃つ。これで事件の流れが決定的になり、「破局→解決」となったと考えられるからである。しかし、主要な事件は何なのかを作品全体を俯瞰しながら見ていかないと、本当に決定的なのかどうかは判断できない。ごんの兵十に対する思いは次のように変容している。

「2」の場面……「ちょっ、あんないたずらをしなけりゃよかった。」（後悔している）

「3」の場面……「おれと同じ、ひとりぼっちの兵十か。」（兵十へ親近感をもつ）

「5」の場面……「へえ、こいつはつまらないな。」（兵十とつながりたいという気持ちになる）

最初は償いの気持ちだったのが、どんどん変容している。一方、兵十のごんに対する思いは、〈ぬすっとぎつね〉〈ぬすみやがった〉〈ごんぎつねめ〉と一貫して憎しみでいっぱいである。

それが、「ごん、おまいだったのか」と兵十のごんに対する思いが変容し、ごんはその言葉を聞いてうなずくという関係に変わっている。すなわち、「人間とけもの」という関係から「人間と人間」という関係、「冷たい関係」から「親しい関係」に変わっているのである。ここにごんと兵十の関係性の変化を見ることができ、事件の流れが決定的になると考えられるので、ここがクライマックスになる。

さきほどのクライマックスへの着目のポイント中の「A 事件がそこで決定的となる」の「事件」の内実を作品から丁寧に読むことが、ここでは重要になる。同時に「C 作品の主題に強く関わる」ことも見えてくる。もちろんここは、「B 読者により強くアピールする書かれ方」になっている。

4 「ごんぎつね」の「構造よみ」で身につける国語力

まず「ごんぎつね」の「導入部―展開部―山場」という構成をつかむことが重要である。これは「発端」への着目が鍵となる。

また、クライマックスへの着目によって、物語の読み方の基本を学ぶことができる。クライマックスの「三つのポイント」を、この作品のクライマックス追究の中で確認していく。特にその作品における「事件」とは何かに着目することの重要性を学ぶことができる。

なお、クライマックスへの追究の際に浮上してきた「ちょっ、あんないたずらをしなけりゃよかった。」「おれと同じ、ひとりぼっちの兵十か。」「へえ、こいつはつまらないな。」などは、構造よみの後の形象よみで、必ず着目すべき箇所である。クライマックス追究の中で、子どもは、作品のどこに着目すべきかも学んでいく。

5 「学び合い」「学習集団」「アクティブ・ラーニング」の指導ポイント

物語・小説の「構成・構造」を把握するときに、どのような「学び合い」をさせていったらよいかについて考えていく。

例えば、クライマックスを探すときに、「教師―子ども」の問答中心の授業では、クライマックスの箇所を出し合うものの、結局は教師が解説をして終わるという形になりやすい。これに対して、子ども一人一人に考えさせ、グループで話し合わせ、全体で討論させるという授業では、クライマックスの箇所をめぐって、根拠を挙げながら話し合うので、「討論」的授業展開になる。討論を通して全員の力で新しい読みを創り出すという探求型授業をつくりだすことができる。

こうした「学び合い」「学習集団」「アクティブ・ラーニング」の指導には、いくつかポイントがあるので、紹介する。

①いきなり話し合いをするのではなく、一人で考える時間を与える。そして、みんなが自分の考えをもてたところでグループで話し合いをする。

②学習リーダー（司会者）を決め、学習リーダーはグループのメンバー全員を発言させるようにする。

③学習リーダーには、話し合いをまとめさせ、発表者を決めさせる。

③グループでの話し合い時間は四～五分程度とし、子どもたちを話し合い時間になじませるようにする。

④グループでの話し合い中に教師は机間指導をして、話し合いが円滑に進むように支援する。そのとき、各グループの考えを把握する。

⑤構成やクライマックスを探す際には、既習内容であっても必ずその指標を思い出させ、確認する。

⑥全体での討論の際には、クライマックスだと考える理由を必ず本文から証拠を挙げて話し合わせる。証拠を挙げない発言に対しては、「本文のどこに書いてあるの？」とたずね、証拠を挙げさせるようにする。

（これについては、加藤辰雄『国語が苦手な教師のための国語授業のつくり方』（学陽書房）を参照してほしい。）

6 「ごんぎつね」のクライマックスの授業実践

以下、加藤の二〇一〇年の名古屋市立明治小学校4年での実践を再構成したものである。

教師① クライマックスを見つけてください。まず、一人で二分間考えましょう。（子どもたちは、各自クライマックスだと思う箇所に線引きをする。）

教師② では、班で話し合って、クライマックスはどこかを決めてください。（教師は机間指導で、クライマックスの理由を述べ合って決めるように助言する。）

教師③ 発表してください。

子ども（1班） 「そして、足音をしのばせて近よって、今、戸口を出ようとするごんを、ドンとうちました。」です。理由は兵十はごんのことをぬすっとぎつねと憎んでたけど、ごんを撃って事件が解決したからです。

教師④ 同じ箇所に線を引いた班は手を挙げてみて。

（3班・5班・6班が挙手をする。）

子ども（5班） ごんは兵十に撃たれたので、もういたずらができなくなったから。

子ども（3班） ここが一番ドキドキするところで、ごんが撃たれて事件が解決したから。

子ども（6班） 5班と同じで、ごんはもういたずらできなくなったから。

教師⑤ ちがう箇所だという班は発表してください。

子ども（2班） 「『ごん、おまいだったのか、いつも、くりをくれたのは。』ごんは、ぐったり目をつぶったままうなずきました。」です。理由は、くりを届けたのがごんであることが兵十にわかったからです。

子ども（4班） 私たちも同じところです。理由は、ごんの気持ちが兵十に伝わったからです。

教師⑥ そうすると2班と4班はごんの気持ちが兵十に伝わったことが事件の解決だと思うんだね。

教師⑦ 二つの考えがでたね。「ごんを、ドンとうちました。」をA、「『ごん、おまいだったのか……』」をBとします。（A、Bと板書する。）

教師⑧ AとBでは事件についての考えが違うね。何が事件なの？班でもう一度三分話し合ってみて。

教師⑨ 発表してください。

子ども（5班） 兵十はごんのことをぬすっとぎつねと思っていて、もういたずらをできなくしたことです。

子ども（6班） 兵十の家の中まで入ったので許せなくて、ごんを撃ったことが事件です。

教師⑩ Bの考えも聞かせて。

子ども（4班） ごんの気持ちが兵十にわかってもらえたことが事件だと思う。

子ども（2班） ごんは撃たれたけど、「ごん、おまいだったのか」とわかってもらえたので事件が解決した。

教師⑪ クライマックスは一番大きく変わったところでもあるよね。Aの考えでは何が大きく変わったの？

子ども（1班） 撃たれたので、ごんがもういたずらできなくなったこと。

子ども（2班） でも、うなぎを取ったあとからは、ごんはいたずらをしていないよ。変わっていないよ。

教師⑫　じゃあ、Bの考えはどうなの？

子ども（2班）　兵十の気持ちが変わった。

教師⑬　どう変わったの？

子ども（2班）　〈ぬすっとぎつねめ〉と憎んでいたけど、〈ごん、おまい〉という言い方に変わった。

教師⑭　この言葉から何がわかるの？

子ども（2班）　〈ごん〉〈おまい〉という優しい言い方に変わっていて、もう憎んでいない。

子ども（3班）　〈おまい〉という言い方は優しくないと思う。〈おまい〉という言い方は呼び捨てで、ていねいな言い方じゃないよ。

子ども（2班）　そんなことはないよ。ぼくなんか仲良しの友だちには〈おまえ〉という言い方をするよ。

教師⑮　〈おまい〉という言い方は、親しいときにも親しくないときにも使うね。この場合はどっちなの？

子どもたち　親しいとき。

教師⑯　では、ごんの気持ちはどう変わったの？

子ども（4班）　はじめは、償いたい気持ちだったけど、兵十がひとりぼっちになってからは、親しくなりたいという気持ちになった。

子ども（2班）　くりを届けて仲良くなりたいという気持ちになった。

教師⑰　償いたいという気持ちから親しくなりたい、仲良くなりたいという気持ちに変わったんだね。

教師⑱　Bの箇所では、ごんと兵十が今までとはちがって親しい関係に変わっていることがわかるね。

教師⑲　クライマックスはどっちですか？

子どもたち　B！

7　まとめ

「構成・構造」を読む過程では、グループでの話し合いと学級全体の討論を組み合わせて、子どもたちが自らの力で読みを創り出す探究型の授業が有効である。

「ごんぎつね」のクライマックス探究では、「何が事件なのか」について班で話し合いをさせ、学級全体で討論をした。この学び合いの中で、「ごん」「おまい」という言葉が兵十のごんへの優しさ・親しさの表れであることが明らかになる。そして、子どもたちはごんと兵十の関係性の変化に気づくことができた。

【言語活動を生かしたあたらしい物語・小説の授業】

3 「言語活動」を生かして物語・小説の「反復」・「比喩」などの技法を読む力をつける――教材「モチモチの木」（小3）を使って

臺野 芳孝（千葉県千葉市立北貝塚小学校）

1 技法への着目から、読むべき箇所を発見する

物語や小説の面白さと言っても様々である。筋の面白さ、伏線の張り方やクライマックスでのどんでん返し、登場人物への共感……。様々な描写を読者は味わっている。「なぜ、そのような描写をしたのだろうか？」そう自問自答しながら物語を読むことで、書かれている事実以上のことが読み取れる。物語の重要な箇所ほど描写が濃く、様々な技法（レトリック）が使われている。

技法にもいろいろある。反復、比喩、倒置法、体言止め、オノマトペ、文字表記等々。人物の微妙な感情や思い、物語の緊張感や筋の流れのスピード感、物語全体に通じるような世界観、読者を引き込む魅力や仕掛けなどを技法が支えているのである。

比喩にも、直喩、隠喩、声喩をはじめ様々なものがある。（これらの詳細については阿部昇『国語力をつける物語・小説の「読み」の授業』明治図書の第四章を参照のこと。）

二〇〇八年の学習指導要領「国語」にも「比喩や反復などの表現の工夫」（小5・小6）、「表現の技法」（中1）という記述がある。これまでの学習指導要領「国語」では見られなかったものである。

小学生に、ましてや低学年の子どもたちに、この技法を見つけさせることができるだろうか。「大きなかぶ」を学習することからもわかるように、単純な反復（繰り返し）については低学年でも十分に探して考えることが可能である。

小学校低学年の子どもたちには、「倒置法を探してご

らん」などという発問はできない。文の持つ意味を「何がどうなのか」「何がどうしたのか」という主語と述語の順番に言い直させてから、「逆になっているとどんな感じがする？」「普通の言い方と比べてどう違う？」などと問い、技法の効果を確かめる。「こういう書かれ方を倒置法と言います」と、最後に技法の呼び方について教えるという手順がよい。そして、少しずつ技法の名称、そしてその効果、読みとり方を指導していく。

比喩は、まずは「普通と違った書かれ方はある？」「本当にはあり得ない書かれ方は？」と問うことで、子どもたちが見つける。

技法を見つける力を付けるために、学年や発達段階に応じた手立てをとることが大切である。最初は、一文の中から探すようにし、慣れてきたら数行の中から、高学年になるにつれ、ページの中から、場面の中からと範囲を広げていくとよい。つまづいている子には、範囲を狭くした助言をする。音読の宿題を出すときに、「普通でない書かれ方」の箇所に線を引かせるのも、小学校四年生以上であればさせたい家庭学習である。

2　物語の中の「反復」「比喩」について

「反復」「比喩」などは、詩でも使われる技法である。しかし、物語や小説で使われる場合は、筋の流れに関わりながら意味を考える必要がある。

まずは「反復」について考えてみよう。反復は、それによって意味が強調されるという傾向があるが、これだけが効果ではない。

> 反復は、同じに書いてあっても意味が変わることがある。そのフレーズの使われた状況の変化に目を付ける。

> 「反復」は状況や心情の変化を、同じ言葉を使いながら対比的に表していることがある。

たとえば「一つの花」（小４・光村図書他）では、「一つだけ」が反復されるが、その意味は導入部・展開部と山場では大きく変化している。

「比喩」の中の「隠喩」についても考えてみる。

> 隠喩は、全く異質な形象をぶつけることで、そこに新しい性質やイメージをつくり出す。

3　学習集団を使って「言語活動」を豊かに展開する

「言語活動」の中で、子どもたち一人一人が学習に主体的に参加できるようにすること、そして子どもたちが相互の関わりの中で学習を深め、新しい発見を促すこと、そして確かで豊かな国語の力を身につけること。それらを実現するためには、学習集団の授業が有効である。

発問や学習課題に対して、まず個人で考え、小集団で話し合い、最後は学級全体で話し合う方法である。学習集団では、AかBかを巡って話し合い討論を展開する収斂型と、Aという考えもBという考えもCという考えもあるという展開型がある。

「技法」に着目する授業の場合、後者の展開型が多い。技法を発見するまでは収斂型の要素もあるが、発見した後にその形象性を読み広げる際は、展開型をとる。

学習集団を生かした技法の授業の学習の流れの例は、次のとおりである。

①　個人で考えをノートに書く

どこに技法が使われているか、その技法にはどういう効果があるか、その技法からどんな形象が見えてくるかなどをノートに書く。ただし、きちんとした文章でなくてよい。メモ程度である。消しゴムは使わせず、後で棒線で消しておく。一つでも書けたら小集団に「書けた」と宣言をする。メモも書けない子どもには、教師が支援・助言する。

②　小集団で話し合う

学級全体より、まずは小集団の方がプレッシャーが少ない。間違えてもダメージも少ないので、発言が得意でない子でも意見が言いやすい。小学校低学年であれば、隣と二人組のペアトーク、小2の後半からは四人程度のグループで話し合う。必ず全員が発言することになるので、考えを発表する準備をしたり、意見を修正したりできる。

司会を決め、一人ずつ考えを述べさせる。「考えをまとめましょう。」という司会の言葉で、班の考えをまとめる。一答型であれば、班の考えを黒板に書く。多答型であれば、いくつ意見が出たか数えておく。机間巡視をしながら発言の要請をする。

③　学級で話し合う

小集団での話し合いの結果を全体に出して話し合う。「似ている意見は？」「同じ考えでも、自分の口で言ってみよう」などと指示し、意見を引き出す。立場によって、Aの意見、Bの意見とし、討論では、賛成・付け足し・修正・反対の立場を明らかにしてから発言する。話し合いの中で、自分の考えが変わった場合は、意見の変更をしてもよい。

4 「モチモチの木」の技法を読む

まず、「モチモチの木」(小3、光村図書他)の導入部の文から考えてみる。(傍線、臺野)

> ところが、豆太は、せっちんは表にあるし、表には大きなモチモチの木がつっ立っていて、空いっぱいのかみの毛をバサバサとふるって、両手を「わあっ。」とあげるからって、夜中には、じさまについてってもらわないと、一人じゃしょうべんもできないのだ。

傍線の比喩表現は、「空いっぱいのかみの毛をバサバサっと」「両手を『わあっ！』と上げる」などで、モチモチの木が、夜になると人を脅かすお化けのようにたとえている。しかし、それだけではない。「とうげのりょうし小屋に（じさまと）たった二人でくらしている」ことを考えると、人里離れた山の中で、月明かりや星明りしかない真夜中に、風が大きなモチモチの木をバサバサ揺すぶっている様子を考えると、五歳の子にとっては怖いと感じるのも無理はない。話者の視点からは、おくびょうだと述べているが、この比喩表現は豆太に対して、共感的であり、同情的でもある。

また、モチモチの木はせっちんに行くには必ず目に入る場所に立っていること、空いっぱいに枝を広げる大木であること、風に葉を揺らし、頭上から枝を大きく広げて、じさまと豆太の二人の生活を見守るように立っているのではないかとも考えられる。

このように比喩表現が、話者の視点と豆太の心情の両方をつなぎながら、なおかつ、モチモチの木の様子や、豆太が暮らしている場の様子も描いている。

「モチモチの木」で比喩が使われている箇所と言えば、何といっても、クライマックスの一文である。

> 「モチモチの木に、灯がついている。」

モチモチの木に灯はつかない。つまり、比喩的表現である。また、それまでの表現としては、「モチモチの木に灯がともる」と書かれている。これも比喩である。「灯がともる」は、実際にはモチモチの木にボーっと明るい月の光が見えて、淡い光が見える様子を表している。（ただし、豆太は本当に「灯がつい」たと思っている可能性がある。）

以前、じさまが豆太に語った際には「灯がともる」であった。ここでは「灯がついている」になっている。「ともる」よりも、明るい感じや、光っている様子が伝わってくる。豆太が見て声に出したのは「灯がついている」であるから、豆太が、よりはっきりと光を感じたのであろう。

「ひがともる」は、じさまの言う「山の神様の祭り」であるのだが、豆太は「ふしぎなものを見」、「灯がついている。」と言った。「山の神様のお祭り」を見たのだとは少しも思っていない。不思議なもの、今までに見たことのないものを見たことはわかっている。ただし、読者にはそのことがわかっているし、終結部で豆太はじさまからその意味を知らされる。

ここで「霜月二十日のばん」の章のじさまの次の言葉に着目させる必要がある。

霜月の二十日のうしみつにゃ、モチモチの木に灯がともる。起きてて見てみろ。そりゃぁ、きれいだ。おらも、子どものころに見たことがある。死んだおまえのおとうも見たそうだ。山の神様のお祭りなんだ。それは、一人の子どもしか、見ることはできねえ。それも、勇気のある子どもだけだ。

ここが伏線になっていることに、気づかせることが大切である。また、今述べたように終結部ともつながる。

医者様はもっともっと現実的・合理的である。「あ？ほんとだ。だどもあれは、トチの木の後ろに、ちょうど月が出てきて、えだの間に星が光ってるんだ。そこに雪がふってるから、あかりがついたように見えるんだべ。」と月と星と雪で明るい光が見えたのだろうと考えている。医者様も「山の神様のお祭り」だとは思っていない。

終結部でじさまは、「モチモチの木には、灯がついたんだ」と述べている。「灯がともった」とは言っていない。クライマックスを境に、「灯がともる」という記述がなくなり「灯がつく」に変わっている。

このモチモチの木を見たことで、豆太は、じさまやおとうと同じ経験をしたことになる。二人のきもすけと同じように、豆太も山のりょうしの生活をきっとするだろう、山の神様に守られて生きていくだろうという期待を持たせる物語の終わりでもある。

クライマックスの「モチモチの木に、灯がついている。」は、比喩、その中でも隠喩表現と言える。ただし、ここでは、象徴と言うこともできる。豆太の勇気の象徴である。クライマックスを技法に着目しながら読み深めることで、この作品の主題が見えてくる。

もちろんそれからも、じさまをしょんべんにおこす豆太。人間はそんなに急には変わらないものだというサブテーマもよめて面白い。

5 「言語活動」を生かして「モチモチの木」の「比喩」を読む―授業展開

「モチモチの木」で比喩の読みとりを重視した授業の授業展開例である。臺野が、千葉県千葉市立北貝塚小学校3年4組で二〇一四年一一月一四日に行った授業の記録である。(男子一七名・女子一六名、計三三名)

すでに構造よみで、作品の発端やクライマックスの箇所は確認してある。その上で特に重要な箇所に着目しながら読み深めていく形象よみの指導過程である。

教師①　今日は、「比喩」、例えている表現に目を付けて、「モチモチの木」のクライマックスをよんでいきます。クライマックスはどこでしたか?

子ども　(口々に)「モチモチの木に灯がついている。」

教師②　そうです。「モチモチの木に灯がついている。」ですね。この文なんですが、普通でない書かれ方をしています。わかりますか?

子ども　モチモチの木に灯がついてはいないのに、灯がついていると書いています。

教師③　そう、本当は灯がついていないけれど、灯がついていると書かれています。こういう書かれ方を何と言いますか?

子ども　たとえ。

子ども　比喩だよ。比喩。

教師④　比喩と言います。例えでもよいのですが、比喩という言葉を覚えておきましょう。ノートに書いてく

ださい。(「ひゆ(たとえ)」と板書する)

子ども (ノートに書く)

クライマックスの一文とともに「ひゆ」と書かせることで、次回に使えるノートにする。「言いかえ」「くりかえし」なども、このようにノートに残しておくと、次回の思考の手助けとなる。

教師⑤ クライマックスを境目にして、バイキンマン優位からアンパンマン勝利へ、危機から平和へ、暗から明へ、明から暗へ。事件が解決したり、大きな変化が起こったりする。「比喩」などの書かれ方が入ることもあります。それを見つけてみようと思います。

クライマックスについては、構造よみ段階でノートに書いてある。①豆太が初めてひがついているのを見た。②豆太が勇気ある子どもになった。③じさまの病気が回復に向かった。④豆太が怖がらずに夜中のモチモチの木を見ることができたなどである。

教師⑥ クライマックスでは「灯がついている」という比喩を使っています。クライマックスの前には何と書いてありましたか?

子ども 「灯がともる」です。

教師⑦ 「灯がともる」と「灯がついている」では、同じようなことを言っているけど、違う感じがします。どのように違うか考えてノートに書いてみましょう。

子ども (ノートに違いをかく)

教師⑧ (三分後に)違いが書けた人は、赤帽子をかぶります。班で全員が帽子をかぶったら、それぞれの考えを聞き合いましょう。一番遅かった子は司会をお願いします。四分間どうぞ。

必ず考えが書けてから話し合わせるために、帽子で区別できるようにしている。遅い子にはプレッシャーにもなるが、教師としては助言などの机間指導をしやすい。司会は、「〇〇さん意見を言ってください。」というのが役割である。誰でもできるように他教科でも学習集団を使うときは司会の経験をさせておく。

教師⑨ ではみんなで話し合いましょう。三班。

子ども 「灯がともる」は温かい感じ。「灯がつく」は明るい感じがします。

子ども　付けたしで、医者様が見てもわかるほどはっきりとついています。
子ども　「灯がともる」だと弱い灯で、「ひがついている」だと、もっと強い感じがします。
教師⑩　終結部のじさまも「灯がついた」と言っていますね。クライマックスから「灯がついた」と書かれるようになっています。他にもモチモチの木について比喩で表しているところがあるんだけどわかりますか？
子ども　「お化けえ！」って、上からおどかすんだ。
子ども　「空いっぱいのかみの毛をバサバサとふるって」
子ども　「両手を『わあっ！』と上げる」ところ。
教師⑪　比喩がいろいろありますね。クライマックスの前と後ろではどう違いますか？
子ども　クライマックスの前は、お化けのように書いてあるけど……。
子ども　「お化けえ！」って脅かすようなことは書いてない。豆太が怖くなくなったのかな？
教師⑫　夜中のトイレはまだ怖いんだけど、もしかするとお化けのようには感じなくなったのかもね。

この後、「霜月二十日の晩」のじさまの「山神様のお祭り」の語りが伏線になっていることを確認した。また、終結部のじさまの「おまえは、山の神様の祭りを見たんだ。〜勇気のある子どもだったんだからな。」にもつながっていくことを読んでいった。

【言語活動を生かしたあたらしい物語・小説の授業】

4 「言語活動」を生かして物語・小説を「吟味」し「評価」する力をつける
――教材「カレーライス」(小6)と「走れメロス」(中2)を使って

高橋喜代治(立教大学)

1 読み研と吟味・評価

現行学習指導要領・国語の「読むこと」には、吟味や評価が明確に位置づけられている。また、その授業方法として「同じ作者による複数の作品や、類似したテーマの作品を読み比べることなどが考えられる。」(中3の学習指導要領解説)のように読み比べが例示されている。だが、読み比べだけでは豊かで深い吟味や評価の授業などできない。一番肝心なのは客観的、分析的な読みや吟味・評価のための読みの指標(教科内容)と授業方法である。

読み研はこれまでに、この課題に取り組んできた数少ない民間研究団体である。その成果を夏・冬の研究集会や『国語授業の改革』などで問うてきた。それらを参考に吟味の指標を私は次のように七つ考えている。(1)

① 語り手(別の語り手を設定するとどう読めるか)
② 導入部の人物設定(人物設定を変えるとどう読めるか)
③ 人物像(事件展開で見えてきた人物像をとらえ、共感できるかどうかを考える)
④ 事件展開(別の事件展開に変えるとどう読めるか)
⑤ 作品の構造(構造・構成を変えるとどう読めるか)
⑥ 他の作品との比較(似たような主題や構造を持つ作品と比較するとどう読めるか)
⑦ 作品のテーマ(作品のテーマに納得できるか)

2 「カレーライス」を吟味・評価する

「カレーライス」(重松清)(光村図書・小6)の吟味・評価指導の構想例を三つ示す。

①「ぼく」の気持ちに共感できる箇所を話し合う

「ぼく」の気持ちや行動に一番共感できるところを指摘させ、なぜそこに一番共感するのか発表させたり書かせたりする授業構想である。

「カレーライス」は、テレビゲームをめぐって父親とけんかをしてしまった主人公「ぼく」の心の葛藤が、「ぼく」自身の語りで描かれている作品である。

「ぼく」は一日三十分の約束を破ってゲームをしてしまう。そのため父親から電源を切られてしまい、セーブができなかった。その有無を言わせない父親のやり方に納得できず、「ぼく」は口をきかないという抵抗を試みたのである。母親ははやく謝るよう説得するが、「ぼく」は、父親こそ先に謝るべきだと思っている。

このような認識の違いによる親子のトラブルは小学6年生の子どもたちにとってよくある身近な話だ。似たようなことは多くの子どもが経験している。だから、事件が発展する場面で、いくつでも「ここんとこの気持ちはよくわかる」という「ぼく」に共感できる箇所が見つかって、自分の経験と重ねた活発な意見交換が可能になる。例えば次のような箇所。

「分かってる、それくらい。でも、分かってることを言われるのがいちばんいやなんだってことを、お父さんは分かってない。」

「でも、先手を打たれたせいで、今さらあやまれなくなった。ここであやまると、いかにもお父さんにまたしかられそうになったから――みたいで、そんなのいやだ。」

②「ごめんなさい」を言えなかった「ぼく」とは?

「ぼく」の父親に対する心の抵抗は、二人で作った「ぼくたちの特製カレー」を食卓に向かい合って坐り「じゃあ、いただきまあす」と「口を大きく開けて」ほお張ることで終了する。だが「ぼく」は、これまでに一度も口にだして父親に謝っていない。父親の方は「お父さんウイーク」の初日の時点で、「この前、いきなりコードぬいちゃって、悪かったなあ。」とすでに謝っているのに、である。前述したように、父親との対立の発端は「ぼく」がゲームの時間制限の約束を守らなかったことにある。単純に善悪の判断をすれば、「ぼく」に非があるのである。

なぜ「ごめんなさい」を言えなかったのか。口に出して言うことで、「ぼく」は初めて父親と対等な一人の人間になれたのである。「言えなかったけど」と、言おうとしていたのに言わなかった「ぼく」をどう評価するのかを、事件の発展を振り返りながら考えさせるのである。

③「ぼく」に「ごめんなさい」と言わせてみる

オリジナルの文章に、「ぼく」の謝罪の言葉を加え、二つを比較検討する授業の構想である。

> 食卓に向き合ってすわった。（※）お父さんはごきげんだし、「今度は別の料理も二人で作ろうか。」と約束したし、残り半分になった今月の「お父さんウイーク」は、いつもよりちょっと楽しく過ごせそうだ。
> 「じゃあ、いただきまあす。」
> 口を大きく開けてカレーをほお張った。
> ぼくたちの特製カレーは、ぴりっとからくて、でも、ほんのりあまかった。
>
> 原文には、（※）の箇所に以下の文があるがカットしている。
> 「「ごめんなさい。」は、いえなかったけど、」

右は、作品の末尾の部分でありクライマックスにあたる部分だが、そこに次の二文を加えてみる。

ぼくは思い切って言った。
「お父さん、約束を破ってごめんなさい。」

この方が冒頭の記述とも対応するし事件がすっきり決着するように思える。なぜそうなっていないのか。二つを比べることで「ごめんなさい。」を言わせないオリジナルの形象が意味をもってより鮮明に見えてくる。

④その他の吟味・評価の観点

冒頭を導入部として書き替えてその差異を考えたり、父親の立場で事件を見てみたりするという吟味・評価の授業構想も考えられる。

「カレーライス」は、いきなり「ぼくはわるくない」と、始めから発端となる事件が起きている。このような導入がないことで何が読め、どのような効果があるのか。「ぼくは、ゲームが好きな小学生である」のように、語り手の人称は変えずに人物設定などをおこない、導入部を構成した場合と読み比べるのである。

また、「カレーライス」は、終始「ぼく」の視点で語られるが、ある場面を父親の視点で読むとどうなるかを考えるのである。「ぼく」が口をきいてやらないと意固地になるきっかけとなった発端の事件を父親の視点から語らせてみるのである。あるいは、この事件を双方の立場から「約束違反事件」「コード引き抜き事件」などと名付けさせてもおもしろい。

3　「走れメロス」を吟味・評価する。

「走れメロス」は、吟味・評価の学習に適した教材である。多くの観点から吟味・評価の授業が構想できるが、ここでは三例を挙げ、そのうちの一つの授業展開を示す。

①　メロスという人物を吟味・評価する

メロスは物語の世界とはいえ、直情的で単純で、やっかいな人物である。だが、様々な艱難辛苦を乗り越え葛藤しながら、ついには自分の命を賭して友を救い、信実の存在を証明して見せるヒーローでもある。

王の暴虐に激怒したとしても、なんの準備も策術もなく、単独で王城に乗り込んでいく計画性のないメロス。親友を、何の断りもなく、命に関わる身代りにしてしまう自己中心なメロス。妹の結婚式も強引に決めてしまう勝手なメロス。

このようなメロスに共感できるのかどうか。どこに共感しどこが共感できないのか。それはなぜか。どこの表現からそう思うのか。構造よみ、形象よみで読み取ってきた人物像を振り返り再読しながら評価していく。

②　王の改心を吟味・評価する

王は「人の心は、あてにならない。人間は、もともと私欲の塊さ。信じては、ならぬ。」と公言し、臣下や忠臣、はては世継ぎまで殺してしまうほど人を信じない人物である。だが、それは王という権力者の孤独な立場からの経験に基づくもので「顔は蒼白で、眉間のしわは刻み込まれたように深」いという苦悩する人物でもある。だから、メロスが無二の親友セリヌンティウスを人質として提案をしたとき、信実などは存在しないことをみせつけてやるために身代りとして認め「世の中の、正直ものとかいうやつばらにうんと見せつけてやりたい」とほくそ笑むのである。そんな王が、メロスが約束を果たしたことを目の当たりにして「顔を赤らめて」、「～信実とは、決して空虚な妄想ではなかった。」と改心する。

その改心に納得できるかどうかを吟味・評価するのである。納得できるとすれば、それはなぜなのか。できないとすれば、それはなぜなのか。それを、これまでに学習してきたことを振り返りながら再読し検討する。

③　間に合わなかったら、どう読めるか。

「走れメロス」の事件展開で主題にかかわる最も重要

な事件は、メロスが約束を果たすことである。つまり、友の処刑に間に合い、友が解放される事件である。ここで王とメロスの関係性が劇的に変わり、決定する。同時に、信実の存在が証明されるのである。

では、メロスが間に合わず約束を果たせなかったらこの作品はどう読めるのだろうか。それとの比較でオリジナルの作品を読み直すのである。

間に合わなかったらセリヌンティウスは処刑され、王は信実をあざ笑うだろう。メロスはその直前に、友の弟子のフィロストラトスに、もう間に合わないから走るのをやめるように請われる。だがメロスは、信じられているから走るのであって、間に合うかどうかも人の命も問題ではなく、もっと恐ろしく大きなもののために走るのだと言い、刑場に向かってひた走るのである。メロスにとっての信実は、ここで明らかに変容し、間に合うという誰の目にも見えて晒されるものではなくなっている。

では、メロスにとっては間に合わなくともよいのではないか。間に合わなければ、友と殴り合ったり、王に認められたりしなくて済む。そしてなにより真っ裸の体を晒さないから、赤面しないで済むのである。

間に合わないという事件展開を設定し、オリジナルと比較検討し読み直すことで、主題にかかわる吟味・評価がよりゆたかに展開できる。

4　王の改心を吟味・評価する

次に王の改心についての吟味・評価の授業例を示す。これは私が二〇一〇年六月に朝霞准看護学校で行った授業記録をもとに再構成したものである。[2]

教師①　二人の様子を見ていた王は何て言うの？ 声を出して読んでみて、せいの！

生徒①　（一斉に）「おまえらの望みはかなったぞ。おまえらは、わしの心に勝ったのだ。信実とは、決して空虚な妄想ではなかった。どうか、わしも仲間に入れてくれまいか。どうか、わしの願いを聞き入れて、おまえらの仲間の一人にしてほしい。」

教師②　ところで、この王の反省と改心をどう思う。納得できる？　できるかできないか態度を決めて！　どちらの場合も、なぜそう思うのか、これまで読んできたことを踏まえて言って！　時間は五分！　いつものように個人で三分、班で二分！

（班は学習リーダーを含め四人班。この間、教師は個人や班の読みの内容把握を行っている。）

教師③　ハイ。五分たったよ。意見を言ってください。

生徒②　私は納得できます。確かにいきなりな感じはするけれど、メロスとの対決のところの「顔は蒼白で、眉間のしわは刻み込まれように深かった」で読んだように、人間関係で悩み苦悩しているから、帰って来たメロスを見ていっきに人間が信じられたと…。

教師④　なるほど。では納得できないという人は？

生徒③　ぼくは納得できませんネ。メロスとの対決のところで王の苦悩の深さは読めるし、単純な人物ではないことは確かだけれど、王はメロスがどれだけ苦労し悩み揺れながら刑場にたどりついたのか見ていない。間に合ったという結果だけを見て考えを変えるなんて軽すぎる。

教師⑤　なるほど、では二人の意見をもとに、もっと検討します。先に、「納得できる」から…。この立場で追加・補足する人はどうぞ。

生徒④　メロスとの対決のところで、王は、「しかたのないやつじゃ。おまえなどには、わしの孤独の心がわからぬ。」と言っています。また「疑うのが正当の心構えなのだと、わしに教えてくれたのは、おまえたちだ。」とも言っています。これでわかるのは、王は人との関係のなかで人が信じられなくなったのであって根っからではないということです。だから、セリヌンティウスが黙って人質になり、メロスが命がけで約束を守ったのを見て、改心したのです。いきなり改心したわけではないと私は思います。だから納得です。

生徒⑤　ぼくも、そう思います。ぼくはやはり同じ対決の場面で「わしだって、平和を望んでいるのだが。」という王のことばに注目したいです。これは王の本音だと思います。

教師⑥　納得意見の根拠が対決の場面だけだね。他のところではないの？（生徒⑥の方を向いて。）

生徒⑥　では、別のところで。私は王が信実を認めるようになったポイントはメロスとセリヌンティウスの告白にあると思う。メロスの「悪い夢」と「セリヌンティウスのメロスへの「疑い」です。これが、王が二人の信実を信じて改心するポイントになったのだと思う。

教師⑦ なるほど。でもなぜこれがポイントなの。もうすこし説明してくれる？

生徒⑦ この告白は王の前では言わないほうがよいことです。少しであっても、ずるい心や疑いの気持ちを持ったのは事実だからです。にもかかわらず互いに告白した。そのことが王にとっては二人の心の信実さを確かにしたのだと思います。

教師⑧ 今、二人の信実と言ったね。王が信実を認めたのは人間一般ではないの？

生徒⑧ それは、二人だけだと思います。

教師⑨ どうして、そう思うの？

生徒⑨ 王は二人に対して「仲間に入れてくれまいか。」「おまえらの仲間の一人にしてほしい。」と言っています。ここからだけだと人間全部を信じているというのは無理があると思います。また、信実とは決して空虚な妄想ではなかった」と言っています。空虚な妄想ではなく、いま目の前で起こった事実を見ることで、信実はあり得ることを認め改心したのだと思います。

教師⑩ 他に納得の立場で意見はないですか？ では、次に「納得できない」という立場の意見を述べてもらいます。追加や補足を、納得派の意見に絡みながら言えるといいですね。

生徒⑩ ぼくはまったく納得できません。世継ぎや家来たちを殺しておきながら、王はそのことに何も触れていない。改心の前に、そのことに対する後悔や反省をするのが人間として普通の心だと思います。それが描かれていません。そのことを納得する人たちは読み取っていません。

（この後続けて納得できない生徒たちの意見を述べさせる。最終的に、これまでの学習を踏まえて、納得できるか・できないか個人で考え、書きの学習に進む。文字数・根拠などの条件を付ける。）

5 アクティブ・ラーニング（ＡＬ）で深める学び

私はアクティブ・ラーニングを「みんなで協働して新しい世界を開く学び」と考えている。国語では、生徒たちに読みの指標を持たせ、他者と相互に交流して課題（教科内容）を深めていく集団的な形態のことである。

次に学び合い・学習集団・言語活動の観点に関わってこの授業の要点をいくつか解説する。

①　冒頭での一斉音読で協働の意欲をつくる

教師①では一斉音読をさせている。このような一斉音読は協働の学習意欲と集中を促し、学習対象を確認するうえで効果的である。授業では声を出すものだという学習習慣づけにもなる。

②　人物への共感を問い吟味・評価へ

教師②は、王の言葉に「納得するか・しないか」を巡る問いである。さらに、なぜなのかという根拠を示させることで、生徒を構造・構成、展開部の事件に着目させて読み直させている。これは吟味・評価の方法を教えることにもなっている。

③　個人の学びの形成から班内の意見交流へ

教師②では、まず個人の学び（意見形成）を生徒に求め、その後、班内での意見交換をさせている。集団的な学び合いでは、この学習過程が特に重要だ。班学習で陥りやすい活動主義的な弊害として、学力の高い生徒の意見（読み）に他の班員が従い、流されるということがある。できる者に従っているだけなのに、傍目には学んだように見えてしまうのである。だから、班の学習リーダーには、必ず全員に発言させることを指導しておく必要がある。私は、どうしても自分の意見を形成できない場合は、保留させ、最後に「誰々さんに一番近い」という発言の仕方を教えておくことも必要だと思っている。

④　教師は班の学びを把握し、全体討論へ

教師②で、教師は可能なかぎり班と個人の学びを把握することが大事である。どの班の誰が、どんな意見を持っているかを把握し、全体討論に生かすのである。生徒⑥がその例である。全体討論で、納得するという意見の根拠が、王とメロスの対決の場面だけになっている。そこで、個人学習の時に生徒⑥が別の場面を根拠にしていることを把握していた教師は、生徒⑥に発言を促し、討論を発展させたのである。

注

（1）吟味の方法について阿部昇は『国語力をつける物語・小説の「よみ」の授業』（二〇一五年、明治図書）で、詳細な検討を試みている。「走れメロス」の吟味の構想も、それを参考にしている。加藤郁夫も『国語授業の改革13』（二〇一三年、学文社）で吟味・指標のポイントとして七つ提案している。

（2）拙稿「物語・小説の『構成や展開』に注目しながら『感想』を持ち『批評』する授業」（『国語授業の改革12』二〇一二年、学文社）を参照のこと。

【言語活動を生かしたあたらしい説明的文章の授業】

5　「言語活動」を生かして説明的文章の「はじめ・なか・おわり」を読む力をつける

――教材「時計の時間と心の時間」（小6）を使って

永橋和行（京都府・立命館小学校）

1　説明的文章の構成・構造を読み取ることによってどんな力が身につくのか

説明的文章の典型的な構成は「はじめ・なか・おわり」である。「構造よみ」の指導段階では、それを読みとるのだが、その際に次の四つの力がつく。

(1)　文章全体の大きな論理の流れが俯瞰できる。

(2)　「はじめ・なか・おわり」というまとまりを把握することで、また「なか」もさらに「なか1／なか2／……」に分かれることを把握することで、それぞれの論理・事柄の塊が見える。

(3)　「はじめ」のもつ役割、「おわり」のもつ役割などが明確に意識できるようになる。

(4)　右の(1)〜(3)は、説明的文章を書くときに有効に生きる。

また、この構成の把握が、「構造よみ」の次の指導段階である「論理よみ」「吟味よみ」にも生きていく。

説明的文章の典型的な構成・構造である「はじめ・なか・おわり」には、それぞれ次のような役割がある。

○はじめ―問題提示（問い）が書かれている。話題提示程度の場合もある。導入的役割、結論が書かれている場合もある。

○なか――問題提示（話題提示）に応え、具体的な説明や論証がされている。

○おわり―「なか」のまとめ、結論が書かれている。付け足し、問題提示に対応している場合が多い。今後に向けての新たな問題提起などが示される場合もある。

「構造よみ」による構成把握の指導手順は、次のようになる。

①問題提示（問い）または話題提示がどこに書かれているのかを読みとり「はじめ」を確定する。

②まとめや結論がどこに書かれているのかを読みとり「おわり」を確定する。

③「なか」をいくつかのまとまりに分ける。（話題や内容を考えて、なか1、なか2、なか3……と分ける。）

2　「学習集団」の指導を取り入れて、学び合いとしての「言語活動」を高める

二〇〇八年小学校学習指導要領・国語の「言語活動例」には「感想を交流し、述べ合う。」「対話や討論などを行う。」等が示されている。意見を交流したり、対話・討論などによって、文章全体の「はじめ・なか・おわり」を追究したり、段落と段落の論理関係を読み深める過程は、それ自体が重要な言語活動である。意見交流、対話・討論によって構成の読みはよりレベルアップする。そしてより多くの子どもに構成を読む力が身につく。

説明的文章の構成を読みとる際に、教師と子どもの問答だけで進めることもできる。しかし、数人の決まった子どもだけしか発言しないような授業になってしまう可能性がある。しかし学習グループの話し合いを導入することなどにより、全員参加の授業を引き出すことが可能になる。子どももより安心して発言することができ、さらに、出された意見（読み取った内容）を学級全体で討論することによって「自分と同じ考えだ」「そんな考え方もできるのか」「それは違うんじゃないかな」等、互いの考えを交流し討論することによって読み取った内容がより深まる。だから、国語の力がより効果的に身につく。その際に大切なことは、その学習、言語活動でどんな力を子どもに身につけるのかを意識することである。

子ども一人ひとりの考えを大切にしながら、学級全体で話し合い、討論しながら結論を導くような授業は、言語活動の授業であるが、「学習集団」重視の授業とも言える。それには、次のような指導の配慮が求められる。

(1)　一人よみ

まずは一人読みをして、一人ひとりが自分の考え

（「はじめ・なか・おわり」はどこかなど）をもつ。そのために一人で考える時間をきちんととり、自分の考えをノートに書くように指導する。また、机間指導を行い、わからない子どもには、「問いはどこに書かれていますか」「その答えはどこに書かれていますか」等の助言を行うことが大切である。

(2)　**学習グループの話し合い**

学習グループごとに、「はじめ・なか・おわり」についての話し合いをする。学習リーダーに司会・進行をさせる。考えを持っている子どもに発表させる。その上学習リーダーも考えを発表する。次に出された様々な考えについて、学習グループ内で話し合い（討論）を行う。一つの考えにまとめてもよいが、まとまらなくてもよい。大切なのは「はじめ・なか・おわり」に分けた理由を明らかにすることであることである。考えを持つことができない子どもには、当面友だちの考えの中でよいと思った考えを自分の考えにしてもよいと指導する。最後に学習グループとしての考え（一つでも二つでもよい）を確認して話し合いを終える。発表者も決めておく。

(3)　**学級全体の話し合い**

学級全体で「はじめ・なか・おわり」について話し合い、文章全体の構成を追究する。まず、学習グループで話し合われた考えを発表させる。黒板に「はじめ・なか・おわり」の分け方の違いがよくわかるように図示する。各学習グループの発表が終わった時点で、違いを確認して討論を行う。通常は「はじめ」はどこまでかを論議して、それが決まったら、次は「おわり」はどこからかを論議する。

(4)　**教師の評価**

そして最後に教師は必ず評価を行う。学習グループの話し合いで活発に話し合っていたグループ、全員発言したグループ、あまり発言しない子どもが頑張って発言したこと、全体討論の中で特に説得力のあった発言などについて、具体的にグループや名前を挙げて評価する。

3　「時計の時間と心の時間」の構成・構造

「時計の時間と心の時間」（一川誠）（小6・光村図書）は、「時計の時間」（時計で表せる時間）と「心の時間」

（私たちが体感している時間）という二つの時間があることを説明し、「心の時間」には必ずずれが生まれることを理解し、「時間との上手な付き合方」を考えさせる文章である。「はじめ」と「おわり」に筆者の考え（話題提示と結論）が示され、「なか」でその根拠を事例を挙げて説明している。

　次は、その第1段落と最後の第8段落である。

（段落番号・文番号は永橋）

1 ①私たちは毎日、当たり前のように時間と付き合いながら生活しています。②みなさんも、全く時計を見ずに過ごす日はないでしょう。③そんな身近な存在である「時間」ですが、実は、「時計の時間」と「心の時間」という、性質のちがう二つの時間があり、私たちはそれらと共に生きているのです。④そして、私は、「心の時間」に目を向けることが、時間と付き合っていくうえで、とても重要であると考えています。

---

8 ①このように考えると、生活の中で「心の時間」にも目を向けることの大切さが見えてくるのではないでしょうか。②さまざまな事がらのえいきょうで、「心の時間」の進み方が変わると知っていれば、それを考えに入れて計画を立てられるでしょう。③また、人それぞれに「心の時間」の感覚が違うことを知っていれば、他の人といっしょに作業をするときも、たがいに気づかいながら進められるかもしれません。④私たちは、二つの時間と共に生活しています。⑤そんな私たちに必要なのは、「心の時間」を頭に入れて、「時計の時間」を道具として使うという、「時間」と付き合うちえなのです。

　この文章のジャンル（文種）は「論説文」である。説明的文章には、既に解明されていることをまだ知らない読者に知らせる「説明文」と、人によって意見に相違がある事柄やそれまで誰も触れなかった事柄について自分の意見・仮説を述べる「論説文」とがある。後者は、意見・仮説を述べただけでは読者が納得しないから論証が必ず伴う。この文章では、第1段落に「『心の時間』に目を向けることが、～とても重要」と明確に筆者の意見を述べている。

「はじめ」は第1段落である。

　今述べたように4文に「私は『心の時間』に目を向けることが、時間と付き合っていくうえで、とても重要であると考えています。」と筆者の意見・主張、つまり文章全体の結論を提示している。そのうえで、この後「心の時間」の重要性について述べていくことを示唆している。

他の「はじめ」候補として第2段落までが考えられる。しかし、第2段落の8文に「『心の時間』には、さまざまな事がらのえいきょうを受けて進み方が変わったり、人によって感覚がちがったりする特性があるのです。」と書かれている程度で結論的な主張はない。第2段落は、「時計の時間」と「心の時間」の説明だけである。

また第8段落を見てみると、1文に「このように考えると、生活の中で『心の時間』にも目を向けることの大切さが見えてくるのではないでしょうか。」と第1段落の4文と同じ内容が繰り返され対応関係になっている。このことからも第1段落だけが「はじめ」と考えられる。

「はじめ」が第1段落か第2段落までかを論議する中で、文章全体に関わる結論の存在、第1段落と第8段落の対応関係などが顕在化してくる。

「おわり」は第8段落である。第8段落は、第1段落と対応関係にあり、「このように考えると、生活の中で『心の時間』にも目を向けることの大切さが見えてくるのではないでしょうか。」と最後にもう一度筆者の主張を繰り返してまとめている。さらに第8段落の5文には、「そんな私たちに必要なのは、『心の時間』を頭に入れて、『時計の時間』を道具として使うという、『時間』と付き合うちえなのです。」と述べられており、「心の時間」の特性を知り、時間と上手に付き合うことが必要であると主張をさらに発展させている。

したがって「なか」は第2段落から第7段落となる。「なか」は第1段落を受け、第2段落で「心の時間の特性」に絞り説明する。第3段落から第6段落までが具体的に「心の時間」の四つの特性について書かれている。そして、第7段落でそれが軽く総括されている。ただし、第8段落のような明確な結論はない。結論は、第8段落に第1段落に対応する形で明示されている。

4 文章の構成・構造を読む力をつける授業

説明的文章の「はじめ・なか・おわり」を読む力をつける授業の実践例を示す。(ここに示す実践例は、二〇一五年度に永橋が立命館小学校6年生に授業をした記録をもとに、別の年度の授業も参考しつつ再構成したものである。）

子どもたちは一人よみを行い、自分の考えをもつ。子どもは「はじめ・なか・おわり」を分け、それを自分のノートにそれぞれ書いている。それをもとに、三〜四人の学習グループで話し合い、最後に学級全体で話し合う学習を行っている。

（学習グループの話し合いの後）

教師　では、この説明文の構成はどうなっていますか。まず「はじめ」から話し合います。
子ども　僕は第1段落が「はじめ」だと思います。理由は1段落の最後に話題提示が書かれているからです。
教師　どういう話題提示？
子ども　第1段落の4文の「私は『心の時間』に目を向けることが、時間と付き合っていくうえで、とても重要であると考えています。」です。2段落以降に「心の時間」の重要性について具体的に書かれています。
子ども　私は、第2段落までが「はじめ」だと思います。2段落の8文に「『心の時間』には、さまざまな事がらのえいきょうを受けて進み方が変わったり、人によって感覚がちがったりする特性があるのです。」と書かれていて話題提示になっていると思います。
子ども　私も第2段落までが「はじめ」だと思います。第3段落以降を見ると、心の時間の特性について書かれているからです。

この授業では、はじめに文章のジャンル（説明文か論説文か）を確認する学習をしていなかったために、子どもたちは「話題提示」という見方しかできていない。そのため、ここでジャンル確認の学習に入る。

教師　「はじめ」には「話題提示」があるということは、前に学習しましたね。でも、文章の種類によっては別のものがあることがあるって勉強しなかったですか。
子ども　導入。
子ども　結論。
教師　そう。特に結論があるのは、どんな種類の文章でしたか。
子ども　意見なんかを書く論説文。
教師　この文章って説明文ですか　論説文ですか。

子ども　論説文です。
　ここでグループの話し合いに入り、子どもたちは「論説文」らしいことを発見していく。その後の発言。
子ども　論説文で、その意見が第1段落に書いてあるから、第1段落が「はじめ」だと思います。
教師　どこに書いてありますか。
子ども　1段落の4文の『心の時間』に目を向けることが、時間と付き合っていくうえで、とても重要であると考えています。」のところです。
教師　それから、いくつかのグループで、この第1段落や第2段落とは全然違ったところを証拠に見つけてたところがありましたね。
子ども　8段落に同じことが書いてあります。
教師　1段落と8段落が同じことですか。どこですか。
子ども　8段落の1文の「生活の中で『心の時間』に目を向けることの大切さが見えてくるのではないでしょうか。」のところです。
教師　第1段落、特に4文は　筆者の主張ですね。そしてその文は8段落とも対応している。「はじめ」は第1段落でいいですね。
子ども　いいです。（多数）
教師　では次に「おわり」を決めます。何段落からですか。
子ども　7段落と8段落だと思います。理由は7段落の1文に「ここまで見てきたように」と、2段落から6段落までをまとめる接続語が使われているからです。
子ども　私は、第8段落だけが「おわり」だと思います。第8段落の初めにも、「このように考えると」とまとめるときに使う接続語があるからです。
教師　まとめるときの接続語に注目したのは素晴らしいです。でもこの文章は「このように」とか「このことから」などが何回も使われているから注意をしなければいけません。大切なのは、それぞれの接続語が何をまとめているのかです。
子ども　第7段落は「心の時間の特性」のまとめだと思います。
子ども　第8段落は、「心の時間に目を向けることの大切さ」のまとめで、さっき言っていた1段落と同じ筆者の意見です。

教師　つまりどういうことですか。

子ども　7段落の「心の時間の特性」は本文の小さなまとめだと思います。2段落は本文の中に入ると思います。

子ども　第8段落に「心の時間に目を向けることの大切さ」と書かれています。これは筆者の意見で第1段落の「はじめ」を受けてのまとめになっていると思います。

教師　そうですね。これを「対応」と言います。そして、今、話をした第1段落と第8段落の対応から考えても第8段落だけが「おわり」でいいですね。

「はじめ」で筆者の意見つまり結論が書かれていて、「おわり」でも筆者の意見が書かれていますね。こういう構成を「双括型」構成と言います。これもしっかりノートに書いておきましょう。

【言語活動を生かしたあたらしい説明的文章の授業】

6 「言語活動」を生かして説明的文章の「論理」「要約」の力をつける

――教材「アップとルーズで伝える」（小4）を使って

建石 哲男（川崎総合科学高等学校）

1 学習指導要領での「論理」「要約」

二〇〇八年告示の学習指導要領では「論理」や「要約」が重視されている。たとえば次のような部分である。

イ 目的に応じて、中心となる語や文をとらえて段落相互の関係や事実と意見との関係を考え、文章を読むこと。（小3・4）

ウ 目的に応じて、文章の内容を的確に押さえて要旨をとらえたり、事実と感想、意見などとの関係を押さえ、自分の考えを明確にしながら読んだりすること。（小5・6）

イ 文章の中心的な部分と付加的な部分、事実と意見などとを読み分け、目的や必要に応じて要約したり要旨をとらえたりすること。（中1）

このように、「事実と意見の関係を押さえる力」、「要約し要旨をとらえる力」の必要性が繰り返されている。

2 「論理」「要約」のためにも「構造」的把握が有効

「要約し要旨をとらえよう」とさせると、子どもたちはともすると、文章をはじめから段落ごとに要約していこうとすることがある。しかし、それではかえって要約は難しくなる。

「読み」の授業研究会では、説明的文章を読むための指導過程として「構造よみ」「論理よみ」「吟味よみ」を提案してきた。まず「構造よみ」で「はじめ」「なか」「おわり」の三部構成を指標に、文章全体を俯瞰していく。さまざまな考え方を学習集団を使った授業で絡ませていく。その中で構成・構造について多面的な追究が行われる。この段落は文章全体の中でどんな役割をしているのか。この「問い」はどこまでに関わるのか。これは「まとめ」と言えるのか。そういったことを発見していくのが「構造よみ」である。

それを展開していくなかで、実は段落相互の論理もかなりの部分明らかになってくる。それを踏まえて「論理よみ」を行うことで、「要約」「要旨」は自然と見えてくる。

3 「論理」について学ばせること

「論理」とは、説明や考えのすじみちのことである。段落と段落・文と文の相互関係が基本だが、そこには「問い→答え」の関係、複数の前提から推理を導き出すことなどが含まれる。そして、それらの核となるのが「柱の段落」であり「柱の文」である。

構成・構造の把握を生かしながら「柱の段落」「柱の文」に着目して段落相互・文相互の関係を把握する中で「要約」「要旨」が見えてくる。

また、この段落相互、文相互の関係を読み取っていくためには、典型的な関係の類型を事前に子どもに示しておく必要がある。私は次のように指導している。

(1)〈対等な論理関係〉
「柱」と「柱」異なる内容について書かれている。
(2)〈対等でない論理関係〉
（柱がそれ以外を包含する関係）
① 例示（例を挙げて説明する）
② 詳しく説明（具体的に説明する）
③ 比喩（喩えを使って説明する）
④ 理由・原因

子どもの状況に応じて、例文で練習したりすることも必要である。

4 「アップとルーズで伝える」の論理と要約

「アップとルーズで伝える」（中谷日出）（小４・光村図書）は、サッカーの試合のテレビ中継を例として取りあげながら、「広いはんいをうつすとり方を『ルーズ』」「ある部分を大きくうつすとり方を『アップ』」といい、その違いについて説明している説明文である。

第1段落はサッカー会場全体を映す画面、第2段落は選手を大きく映し出す画面を紹介しながら、テレビのサッカー中継の画面の違いを説明している。

そして第3段落で次のように「問い」を提示する。傍線部が「問い」である。（傍線は建石による。）

> 初めの画面のように、広いはんいをうつすとり方を「ルーズ」といいます。次の画面のように、ある部分を大きくうつすとり方を「アップ」といいます。アップとルーズでは、どんなちがいがあるのでしょう。

この「問い」に対して第4段落・第5段落で答え、第6段落でそれを「このように、アップとルーズにはそれぞれ伝えられることと伝えられないことがあります。」とまとめる。さらにテレビでは「目的におうじてアップとルーズを切りかえながら放送をしています。」と話題を広げている。

そして、第7段落で新聞の写真にもアップとルーズがあることを述べ、第8段落で「テレビでも新聞でも、受け手が知りたいことは何か、送り手が伝えたいことは何かを考えて、アップでとるかルーズでとるかを決めたり、とったものを選んだりしているのです。」とまとめている。

先ほどの第3段落にある「問い」の答えが第6段落に書かれていることになる。つまり、第3段落の「問い」は文章全体に関わっていないことに気がつかせることが重要である。

以上を踏まえ、この教材では次のように教科内容（ねらい）を設定できる。

①「はじめ―なか―おわり」という典型的構成から文章全体を俯瞰する方法を学ぶ。
②「問い」「答え」の対応について理解できる。特に第3段落の「問い」の「答え」が6段落にあることが理解できる。
③「例」と「まとめ」の関係を理解する。
④（アップとルーズの）対比的な書かれ方を理解する。

5　授業の実際―その1「構造よみ」

実際に構造よみを授業で扱ったところ、討論は大いに盛り上がったが、第3段落の「問い」に対して「答え」がどこなのかが大きな話題となった。（以下、建石が高2に飛び込みで行った二〇一五年五月二七日～二八日の授業を紹介する。「6」も同じ。）

子ども　3の「アップとルーズでは、どんなちがいがあるのでしょうか」という「問い」に対して、6では確かに「伝えられないこと、伝えられること」と整理していますが、8の目的に応じて使い分けられているというのも、「答え」でもあると思う。だから8が後文だと思いました。

子ども　そういう解釈もできるかもしれないけれど、それなら3の書き方がもっと、たとえば「どんなちがいがって、どんな風に使い分けられているのでしょう」のような文でないといけないのではないですか？

こういった討論を踏まえ、次のようにまとめた。

前文1～3　／　本文4～5　／　後文6～8

6　授業の実際―その2 要約・要旨への「論理よみ」

教師①　では要約文（要旨）をまとめていこう。「答え」と「問い」では、どちらが大切だったかな？（前の教材での既習事項の確認）

子ども　「答え」！

教師②　では、3の「問い」に対する、「答え」に線を引いて確認してみよう。班でみんなで確認。

子ども　（「アップとルーズにはそれぞれ伝えられることと伝えられないことがあります。」に線。）

教師③　伝えられること、伝えられないこと、それについての説明を付け加えたいね。それはどこにかいてあるんだっけ？

子ども　4がアップについてで5がルーズについて！

（構造よみのときに整理しておいた事項の確認）

教師④　では4と5段落内の柱の文を確認して各自で線を引いてみよう。時間は3分！

（子どもたちは、次の部分を検討しはじめる。）

4 ①アップでとったゴール直後のシーンを見てみましょう。②ゴールを決めた選手が両手を広げて走って

います。③ユニホームは風をはらみ、口を大きく開けて、全身で喜びを表しながら走る選手の様子がよく伝わります。④アップでとると、細かい部分の様子がよく分かります。⑤しかし、このとき、ゴールを決められたチームの選手は、どんな様子でいるのでしょう。⑥それぞれのおうえん席の様子はどうなのでしょう。⑦走っている選手以外の、うつされていない多くの部分のことは、アップでは分かりません。

5①試合終了直後のシーンをみてみましょう。②勝ったチームのおうえん席です。③大きくふられる大小の旗やたれまく、立ち上がっている観客と、それに向かって手をあげる選手たち。④選手とおうえんした人たちとが一体となって勝利を喜び合っています。⑤ルーズでとると、広いはんいの様子がよく分かります。⑥でも各選手の顔つきや視線、それらから感じられる気持ちまでは、なかなかわかりません。

教師⑤ 線を引いた箇所を班で確認し合ってください。もし違うところを引いていたら、どちらがいいか、そして、線を引いた柱の文と他の文とどういう関係になっているのか、班で確認し合ってください。5分！

教師⑥ 時間です。では4の柱の文は？　他の文とどういう関係になっていますか？

子ども 柱の文はまず④で、①から③がその具体的例になっています。次の柱は⑦で⑤⑥が例になっています。

教師⑦ では5では？

子ども 4と同じようになっていて、⑤が柱で①から④までがその例になっています。⑥も柱ですが、ここは例がありません。

教師⑧ では、先ほどの構造よみでの話し合いを踏まえると、後文の柱の段落はどこですか？

子ども 6の「答え」と8です。

教師⑨では、6の「答え」の文、8、そして今の4と5の柱の文、を組み合わせて、要約文を自分で書いてみましょう。あとでお互いに見せ合います。時間は5分。はじめ！

教師⑩ では、班の中でお互いの要約を読んで、班の中で一番いいと思えるものを選んでみましょう。それを発表してもらいます。時間は3分、はじめ！

時間になったら、各グループの代表に黒板に書かせて、見比べながら評価をしつつ整理していく。たとえば次のような要約が得られる。

アップで撮ると細かい様子までよくわかるが、広い範囲のことはわからない。逆にルーズで撮ると広い範囲の様子は分かるが、人の表情など細かいことまでは分からない。このようにアップとルーズはそれぞれ伝えられることと、伝えられないことがあるので、テレビでも新聞でも、受け手が知りたいことは何か、送り手が伝えたいことは何かを考えて、使い分けている。

7　「話し合い」という言語活動を通して生まれる学び

学習集団を利用した「話し合い」の授業を展開することによって、様々な利点があると考えている。阿部昇氏も次のように述べている。

グループで学ぶことは教育方法としてさまざまな利点がある。全体の場では発言しにくい子どももグループだと比較的発言しやすくなる。意見交流、意見交換、創造的対話、討論などにより、新しい見方や発見が生まれる。（読み研編『国語教育の改革14』二〇一四年、学文社、一一五頁）

グループで発言することで、自分の意見に自信を持って、クラスで発言できるようになる子どもも多い。「ぼくも同じように思っていた」「そう！そう！」「言いたいことって、そういうことだよ」「あ、それは思ってもみなかった」などと自分の意見に対して、共感や自信を得たり、自分の意見を一度整理することがグループ内でできるから、討論に参加する生徒が、教師と子どもの問答だけでの時よりも、明らかに増えていく。

要約といった活動も、作業としては個人的なものとなってしまうが、まずはグループで聞いてもらっているので、発言や板書することへのハードルが低くなっているのである。

また私は、グループの話し合いを踏まえて、自分の意見が変わったり、他の人の意見に賛成したら、赤ペンでノートに書くようにさせ、また、他の人に共感や賛成してもらえた意見には赤で○をつけさせている。そうすることで、自分の意見が他人の共感を得られたり、自分の意見の変容があったりしたことがノートの記録にも残ることで、子どもたち自身にも討論を通して学ぶことの意義を実感してもらえるのではないかと考えている。

今回の授業後の感想に「いろんな意見が飛び交って、楽しかったし、考えさせられた。」「班で考えて答えを出すのは一体感があって凄くおもしろかった。」「いろいろ考えていくうちに、テレビやメディアのあり方について考え込んでしまった。」「他の人の意見をきいて、自分の意見を変えたりしながら、とても充実した授業で楽しかった。」などがあった。教師側からの働きかけによって考える、という姿勢よりも明らかに能動的・主体的に授業に参加しており、友人の発言にびっくりしたり、発見したりする体験をしていることがわかる。授業者である私自身も、子どもたちが真剣に考え、そして議論し合う姿は普段の彼らからは想像がつかない姿であったほどであった。

8　グループを生かした学習集団の授業の指導ポイント

受動的な学習から、主体的学習に変える手立ての一つとして、非常に有効であるグループ討論であるが、それを成立させるにはいくつかの指導ポイントがある。

・グループの話し合いの前に、一人一人の思考を保障するために必ず各自で考えて意見をノートに書かせる時間を設定する。（この時間がないと、一部の生徒の意見だけがグループの意見となりやすい。このときに机間指導をして、何も書き込めていない子どもに適宜声をかける。）

① グループの人数は四人を原則とする。（生活班の六人より意見を出しやすいし、短い時間でメンバーの話し合いができる。）

② 一回の話し合いの時間は五分前後を基本とする。（長くしても、話が進まないことの方が多い。）

③ グループのリーダーを決める。私はリーダーを状況に応じて席で指定したり、じゃんけんで決めさせたり（罰ゲームではないので勝った人）して、誰でもできる！と強調している。（学習リーダーをきちんと育てていくことは非常に大切であると認識しているが、討論型授業になれていない子どもたちを指導する場合は、まず、討論型の授業、そしてリーダーになることへの抵抗感を

なくすことが大切だと考えている。）

④　話し合いの型を指導する。（「では、○○について△△さん、意見をどうぞ！」とリーダーは順々にメンバーの意見を聞き、最後に自分の意見を言えばよいことにしている。次に「理由を述べてください」「この班ではどの意見を出しますか？」など話し合いの流れの型を示している。）

⑤　リーダーが発表者を決める。

⑥　一回の授業中にグループでの話し合いは、二回前後までにする。

⑦　話し合いが成立しにくいグループに近づき、リーダーへの援助や、「その意見いいね、ぜひそれは発表してね」と評価と励ましをする。

9　おわりに

構成・構造について考える中で、文章全体の論理の流れが俯瞰できる。今回は特に「問い」と「答え」の関係が見えてきた。それが、より有効な要約・要旨の学習につながった。どこを中心にして要約・要旨をまとめていけばよいのかがわかる。そして、要旨をまとめる作業の中で、「伝えたくないことはわざと伝えないこともできるってことだね。」などといった「吟味」につながる意見も出てくる。「構造よみ」「論理よみ」「吟味よみ」という指導過程は、それぞれが有機的に重なり合いながら存在している。

また、説明的文章の論理関係を読みとり「柱の段落」「柱の文」を把握していく授業では、教材の質を重視する必要がある。教材によっては論理があやふやで随筆的要素が含まれるものもある。そういう教材を初期に位置づけると、子どもは論理の把握、要約や要旨をまとめることに苦手意識をもってしまう。無理のない適切な教材を適切に与えることが重要であると考えている。

【言語活動を生かしたあたらしい説明的文章の授業】

7　「言語活動」を生かして説明的文章を「吟味」し「批判」する力をつける

――教材「すがたをかえる大豆」（小3）を使って

鈴野高志（茨城県・茗溪学園中学校高等学校）

1　「学習集団」で「学び合う」ことの意味

「読み」の授業研究会（以下「読み研」）では、これまで国語科教材の分析はもちろんのこと、実際にそれを生かして授業の中でどのように子どもたちの力に変えていくか、ということについての研究も重視してきた。

また、教師と子どもの問答だけで展開する授業ではなく、三、四人ずつの小グループを生かして、「個人→グループ→全体」といった二段階の討議形式の授業を重視してきた。

子どもたちに討議させるのはそれなりに時間もかかり、また結果として同じことを教えるのであれば一斉問答の方が効率的ではないか、というような声が聞こえてきそうだが、実はそうではない。むしろ小グループでの討議を取り入れることで、以下に挙げるような学習効果が期待できるのである。

①　全員が授業に参加できる

三十人から四十人ほどの学級で一斉問答型の授業を行っていると、途中で集中力が途切れてぼうっとしてしまう子どもがいたり、こちらの問いかけに考えようとしない子どもが現れたりするのは珍しいことではない。

また、逆に集中力に継続性があり、教師の問いかけにも敏感に反応して的確に答える、いわゆる「できる」子どもが少しでもいると、ついつい教師はそのような子どもの発言に頼りがちになり、結果として他の子どもが置いていかれてしまうことになる。性格的に引っ込み思案な子どもだと、発言を遠慮してしまうこともあるし、わからないときに「わからない」と表明することも難しい。
三、四人ずつの小グループであれば、その中のリーダー（「学習リーダー」と呼ぶ。子どもたちによる互選でもよいが、教師が子どもたちの力を把握している場合、指名した方が効果的な場合が多い）に討議の内容や進め方をしっかり指示しておくことによって、全てのグループの子どもたちが考え、発言することができる。わからなければグループ内の他の子どもに教えてもらうこともできるので、「わからない」ことを表明することへの精神的なハードルも、一斉問答の場合に比べはるかに低くなる。結果として、全ての子どもが授業に参加する状態を作り易くなり、子どもたちの学びの権利を保障しやすくなる。さらに、全ての子どもたちにとって「考えた」経験が残ることから、学習内容の定着率も当然高まると言える。

② 読む力、話す力・聞く力が高まる

グループでの意見がある程度出た段階で、子どもたちは全体討議への準備に入る。教師は各グループに対し、全体討議で発言する内容をまとめることと、発表する「発言者」を決めるように指示をする。グループでは学習リーダーを中心に、発言者が発言しやすいよう、発言の内容をまとめていく。要約して発言する過程の積み重ねが、「話す力」を育てるのである。

発言が決まったグループは、発言者だけでなく全員で手を挙げるように、という指示も出しておき、全員の手が挙がったグループを優先的に指名していく。ここで、子どもたちの「他のグループに負けたくない」という競争意識が高まる。残念ながら指名されなかったグループも、指名されたグループの発言内容に集中し、自分たちのグループが発言しようとしていた内容と同じなのか、異なるのかを判断する。こうして、「聞く力」が高まっていくのである。そして場合によっては付け足しの発言や反論を述べることもあり、さらに「話す力」の向上につながるのである。

そして肝心の「読む力」の獲得については以下のような指導によって保障することができる。

まずそれぞれのグループが話し合いを開始したあたりのタイミングで教師は「文章に書かれていることを根拠にしなさい」とはっきり指示しておく必要がある。そうでないと、討議に夢中になる子どもたちの発言が空中戦となり客観性が欠けていくおそれがあるからだ。テキス

トに書かれていることが根拠になっていれば、その発言には説得力が増すし、発言を聞いた他のグループの子どもたちが「本当にそうか？」と再びテキストに戻って検証することができる。自分たちの意見を支えるその根拠をテキスト内から探す過程は、「他のグループより説得力のある部分を探そう」とワクワクしながらテキストに集中する場面を作り出すことができ、結果として「読む力」もさらについていくことになるのである。

なおグループの話し合いに入る前に、子どもたちに個人で考えるための時間を保障することを忘れてはならない。各自がグループの発言につながっていくような考えを持ったうえで、グループの話し合いでそれらをより精度の高いものにしていく。このような「学習集団」による「学び合い」の過程の繰り返しが、グループや学級全体はもちろん、個人の「読む力」を高めていく。

2 それぞれの教材でどのような国語力をつけるのか

本稿で取り上げるのは、読み研が説明的文章の授業における最終段階として位置づけている「吟味よみ」の授業である。すでに第一段階の「構造よみ[1]」と第二段階の「論理よみ[2]」において文章全体の構造（構成）及び論理関係を学んでいることが前提となる。

「吟味よみ」で子どもたちにつけさせたい力とは、主に次のような力である。

① 文章を相対化し、筆者がその文章で工夫して書いている点に気づける力（評価的吟味）。

② 文章を相対化し、不十分な点に気づける力（批判的吟味）。

吟味のための視点については、例えば阿部昇[3]が「選ばれた語彙・表現は妥当か」「『事実』が現実と対応しているか」「根拠・解釈・推論は妥当か」「因果関係に問題はないか」等、「二十六の吟味の方法」を提案しているので参照されたい。

3 筆者の工夫を発見する――「すがたをかえる大豆」を例に

「すがたをかえる大豆」（国分牧衛）（小3・光村図書）では、筆者の工夫を中心に吟味させることが可能である。「すがたをかえる大豆」は、主に植物としての「ダイズ」から収穫された「大豆」が、調理の方法等によってさまざまな姿に変わって食卓に並ぶことを説明した文章である。構造よみ、論理よみによって、次のような段落構成、内容になっていることがわかる。なお「なか」は、各段落がそれぞれ「なか1」「なか2」……となっている。

はじめ

1 大豆はいろいろな食品にすがたをかえている。

2 むかしからいろいろ手をくわえ、おいしく食べるくふうをしてきた。

なか

3 いちばん分かりやすいのは、大豆の形のままいったりにたりして、やわらかく、おいしくするくふうだ。

〔例〕▼豆まきの豆・に豆

4 次に、こなにひいて食べるくふうがある。

〔例〕▼きなこ

5 また、えいようだけを取り出して、ちがう食品にするくふうもある。〔例〕▼とうふ

6 さらに、小さな生物の力をかりて、ちがう食品にするくふうもある。〔例〕▼なっとう・みそ・しょうゆ

7 ほかに、とり入れる時期や育て方をくふうした食べ方もある。〔例〕▼えだ豆・もやし

おわり

8 大豆はいろいろなすがたで食べられている。多くの食べ方がくふうされてきたのは、味がよく、たくさんのえいようをふくんでいるのと、多くのちいきで植えられたからだ。

この文章を「吟味よみ」の中で子どもたちに評価させたいのは以下の点である。

まず、「はじめ」の2段落で、「いろいろ手をくわえ、おいしく食べるくふうをしてきた。」と述べておいたうえで、「なか」の1～5（3～7段落）でひとつひとつの「くふう」を述べている点である。

また、「なか」の1～5では必ずどのような「くふう」かを述べてから、具体例を挙げていることや、それぞれの例が、私たちにとって身近で馴染みのある食品になっていることも、「わかりやすさ」という点で評価できよう。

さらにこの「なか」の部分で特に子どもたちに気づかせたい要素は、その提示の順番である。実は「なか」の1から5に向かうに従って、提示されている食物が、も

との「大豆」からだんだんと別のものに「すがたをかえる」順に並んでいるのである。「なか」1（3段落）では「そのままの形」とほぼ「大豆」そのままの食品が紹介されているのに対し、「なか」4（6段落）までくると「なっとう」「みそ」「しょうゆ」と、もはや「別物」と言ってもいいほど原形から変化した食品が紹介されている。

そしてもう一つ、子どもたちに気づかせたいのは、表記の工夫である。同じ「だいず」でも、穫り入れる前の植物として扱われているときはカタカナで「ダイズ」と書かれているのに対し、加工の対象としてさやから取り出されたものは漢字表記の「大豆」となっているのである。そのことは、実は「はじめ」に相当する2段落の第1文「大豆は、ダイズという植物のたねです。」という記述からもはっきりとわかる。小学校3年生対象の文章であっても、大人の我々が読んで「なるほど」と感心させられるような工夫がここまで施されているのである。

4　不十分な点を発見する

「すがたをかえる大豆」は小学校3年生の教材ということもあり、筆者の工夫を発見する、いわゆる「評価的吟味」が中心の授業展開となるが、小学校高学年から中学校と学年が上がっていくにつれて、少しずつ文章の不十分な点を発見する「批判的吟味」を取り入れていく。

例えば中学1年の教科書に掲載されている「シカの『落ち穂拾い』」（辻大和）（光村図書）では、樹上のサルたちが採食中に落とした木の葉や花を、地上のシカたちが拾って食べるその行為を「落ち穂拾い」と名付け、月ごとにそれが見られた「割合」をデータとして示しているのだが、本文に付されている表をよく読むと、そもそも筆者が「落ち穂拾いの割合が高かった」としている四月の観察時間そのものが他の月と比べて極端に少なかったことがわかる。他の月は少なくとも百時間近くの観察時間があるにもかかわらず、四月に限ってはたった十八時間余りなのである。分母となる時間数が少なければ産出された「割合」自体が高くなる可能性は十分ありうることで、データの信憑性には疑問を抱かざるを得ない。

そのような指摘も、実際に「学習集団」を使った子どもたちの討議によって引き出すことができるのである。

5　授業記録の抜粋と解説

ここでは、二〇一五年五月十六日（土）に茨城県・茗溪学園中学校2年E組（生徒数40名）で鈴野が行った「すがたをかえる大豆」（吟味よみ）の授業を抜粋し紹介する。小学校教材であるが、中学生にも学べる部分は大きいと考え、あえて投げ入れで授業を行った。前時に構造よみ、論理よみを行い（中学校なので「はじめ」「なか」「おわり」は「前文」「本文」「後文」と言い換えている）、個人で考える時間と「学習リーダー」への指示を終え、机は三、四人ずつの小グループの形になっている。

教師①　はい、じゃあこれから「吟味よみ」を始めます。それで、この文章で工夫されている点が実は三つか四つあります。けっこういろんなところで工夫されているんです。それを今から話し合ってもらいます。前回までの「構造よみ」や「論理よみ」でやったことも生かして、工夫されているところを探しましょう。学習リーダーの人が中心になって、はい話し合い始め！

（教師は各グループを回りながら助言を出し、グループごとにある程度まとまってきたところで全体の話し合いに入る。）

教師②　はい、じゃあそろそろいいですか？　いい？　ではこの文章で、「なるほどなあ、工夫されて書いているなあ、さすがだなあ」っていうところを挙げてください。（一斉に手が挙がる。）はいじゃあ、一班！

子ども　「本文」で、3（段落）から6（段落）までが、漢字で「大豆」って書かれていて、7（段落）はカタカナの「ダイズ」。

教師③　はい、7段落見てください。カタカナの「ダイズ」。3（段落）から6（段落）では「大豆を～」「大豆を～」って漢字で書いているのに、7段落ではカタカナで「ダイズ」。つまり漢字とカタカナが、別になっているんですね。漢字の「大豆」とカタカナの「ダイズ」がある。じゃあ、これに関わってありますか？何で？　どういう違いなの？　はい、じゃあ、四班！

子ども　漢字の「大豆」は豆自体のことを言っていて、カタカナの「ダイズ」は植物自体を言っている。

教師④　漢字の「大豆」とカタカナの「ダイズ」で豆自体か、植物全体かを使い分けているんですね。同じ「だいず」でも書き方の使い分けによって「意味が違うんだよ」っていうメッセージとして発しているんです。で、実はね、漢字の「大豆」とカタカナの「ダイズ」が違うっていうことを筆者は説明しています。どこで説明しているか気が付いたところ……はい、3班。

子ども　2段落。（他の班から「あ、ほんとだ」の声あり。）

教師⑤　そう2段落。はい、では2段落確認してください。最初の文、みんなで読もうか。せーの、はい。

子ども　（一斉）「大豆は、ダイズという植物のたねです。」

（この後、「出されている例が身近な食品ばかりでわかりやすい。」という吟味も発表された。）

教師⑥　さて、ここまでは、わりと気がつきやすいんですが、もう一つすごい工夫があるんです。まだだれも気づいていないのか、気づいていて言っていない人がいるかもしれませんが、この順番。3、4、5、6、7（段落）でそれぞれいろんな工夫が出されていますね。筆者はただ思いついたままに「あ、あの工夫もあった、みそやしょうゆだ。あ、ああいう工夫もあった」って書いているのかな？　何か、この順番にも工夫をしている部分があるのではないでしょうか。それを話し合ってください。3分で。始め！

（再び各小グループを回ると、「発明された時代順」ということを言った子どもがいた。当たってはいないが惜しい部分もあると考え、「何でそう考えたの？」と問いかけると、「だんだん複雑になっているから」と返してきた。小グループは考えたことをすぐに発表しやすい環境であることが、このような教師とのやりとりも可能にするのである。）

教師⑦　そろそろいいかな。では、例として挙げられているものの順番についての工夫で気づいたことがある班は発表してください。はい、どうぞ。はい、じゃあ2班。今日二回目の発言になります。すばらしい。

子ども　3段落はそのままの形で加工されているものだけど、7段落にいくに連れて加工の度合いが大きくなっている。

教師⑧　そう、3段落は「そのままの形」、4段落は「こなを引いて」（中略）……6段落の「なっとう」は確かに豆の形こそしているけど食べものそれ自体が？

子ども　違う。

教師⑨　違うんだよね。もう全く別の食べものになっている。じゃあ、7段落。どうなんだろうね。さっき7

段落だけ「ダイズ」がカタカナになっているって出たよね。それとの関係でどう？　じゃあ、5班。

子ども　穫り入れる時期とか育て方が違う。もやしはたねから水だけで育てているし……。

右の授業について、「指導のポイント」として以下の点を挙げておきたい。

①　学習リーダーへの指導

話し合いに先立って「学習リーダー」には自分たちの発言の証拠となる部分を文章中からはっきり示すよう指示しておいた。これにより各グループがテキストの文言に注目して討議する状況が作りだせた。「学習リーダー」指導では他に、前の授業で頑張っていたグループやそのリーダーへの評価や、発言内容を発言者だけでなくグループ全員で確認することなどの指示などを行う。

②　「構造よみ」「論理よみ」を生かす

特に後半に出された工夫に気づくことがスムーズだったのは、先行する二段階の読みの中で、論理展開が整理できていたからである。三段階の読みは個々ばらばらなものではなく、最終的に「吟味」にまでたどり着く連続性のあるものなのであり、そのことを教師がわかっているだけでなく子どもたちに体感させることも重要だろう。

③　グループ同士を競わせる

二度目の発言があった班を評価した箇所があるが、それ以外にもグループ内の話し合い中に、実は教師はわざと他のグループに聞こえるように「○班、いいところに気づいたねえ！」「○班、すごい！　他の班、まだ気づいてないぞ！」と評価していた。他のグループの子どもたちはそれを聞いて俄然対抗意識を燃やし意欲的にテキストに向かう。そんな挑発的な工夫も取り入れている。

注

（1）説明的文章の典型を三部構造と考え、文章全体を「はじめ」「なか」「おわり」（中学以降は「前文」「本文」「後文」）の三部分に分ける指導過程。

（2）「構造よみ」で分けた三つの部分それぞれの「柱の段落」「柱の文」（内容的に他の段落や文を包含するもの）に絞り込みながら論理関係を明らかにしていく指導過程。

（3）阿部　昇『文章吟味力を鍛える―教科書・メディア・総合の吟味』二〇〇三年、明治図書

【言語活動を生かしたあたらしい古典の授業】

8 「言語活動」を生かして小学校の古典で言語力をつける
――教材『徒然草』第五十二段「仁和寺にある法師」を使って

熊谷　尚（秋田大学教育文化学部附属小学校）

1 古典を読むことの「楽しさ」こそ重要

二〇〇八年の中央教育審議会答申には、「我が国の言語文化を享受し継承・発展させるため、生涯にわたって古典に親しむ態度を育成する指導を重視する」とある。「親しむ態度」を育てるのは、我が国の言語文化を「享受し継承・発展させるため」であり、そのためには、古典の価値を子ども自身が切実に感じることが必要である。古典を「価値が高いと言われている文章」としてではなく、「自分にとって価値がある文章」として子ども自身が主体的に読もうとする態度を育てていきたい。「自分にとって価値のある文章」と言うとやや堅苦しい感じがするが、要は、子どもたちが「古典って面白いな」と感じてくれればよいのである。では、読み物として古典を面白く読む楽しさを味わうことができるような授業にしていくには、どうすればよいのだろうか。

(1) 一語一句にこだわる読み方を大切に

古典の文章には、日本語独特のリズムや美しい語調が備わっている。音読や暗誦を通して、日本語のリズムや響きの心地よさを十分に感じ取らせたい。しかし、音読や暗誦さえしていれば古典に親しむ態度を育てることにつながると、安易に考えられてしまっている向きはないだろうか。音読や暗誦に終始せず、それに内容理解をどう絡めて指導していくかを考えなければならない。古典であっても、現代の文学作品と同様に、教材文の一語一句にこだわり、そこから何が読めるかを考えることを通して、自分なりの解釈を深めたり作品の構造や仕掛けの面白さを発見したりすることができたとき、子どもは、「自分にとって価値のある文章」として古典に親しみを感じるに違いない。

(2) 文学の「読みの力」を身につけられる授業に

私は、普段の「読むこと」の学習で身につけた「読みの力」を古典の読みの学習で応用的に活用することが可能なのではないかと考えている。だから、物語文など現代語で書かれた教材の読みの学習と基本的な授業スタイルは変えなくてよいと考えている。なぜその言葉があるのか。その言葉がある場合とない場合とを比べてどう印象が違うか。こういったことは、普段から国語の授業で行っている「読みの方法」の一端である。古典の授業においてもそういった既習の方法を用いることで、子どもの「読みの力」がより一層鍛えられていくのではないだろうか。

(3) 言語活動としての「学び合い」を生かす

古典の読み取りは、子どもにとって決してやさしいことではない。自分一人の力で読み進めることに困難さを感じる子どももいるだろう。そのようなとき、友達との「学び合い」を授業の中に組み入れることが有効である。自分の考えを伝え、友達の考えを聞き、様々な見方や考え方に触れることで、一人一人の読みに広がりや深まりが生まれる。さらに、互いの読みを擦り合わせ、練り合う中で、自分一人では気づかなかった新しい見方や考え方を発見したり、それまでの認識を更新したりすることができる。「学び合い」は子どもたちの主体性と創造性を引き出す学びなのである。

そのような質の高い「学び合い」を保障するためには、教師のきめ細かい計画や準備、的確な指導が不可欠である。例えば、少人数の話合い活動を設定するとしたら、「授業のどの場面で設定するか」「何人グループにするか」「課題はどうするか」「どのくらいの時間を与えるか」など、事前にしっかりと検討しておかなければならない。また、各グループに対して教師がどう関わるかも重要である。話し合いの様子をその場で把握し、適切な指示や助言を与えることができるように、周到な教材研究をしておかなければならない。何よりも、授業のねらいの達成に向けて必然性があり、子どもたちが必要性を感じる「学び合い」でなければ意味がない。〃活動あって学びなし〃とならないよう、十分に留意したい。

2 『徒然草』の面白さを読み解く
――第五十二段「仁和寺にある法師」の授業

(1) 教材の研究

> 『徒然草』 第五十二段
>
> 仁和寺にある法師、年寄るまで石清水を拝まざりければ、心憂くおぼえて、ある時思ひ立ちて、ただ一人徒歩より詣でけり。極楽寺・高良などを拝みて、かばかりと心得て帰りにけり。
>
> さて片方の人にあひて、「年ごろ思ひつること果たし侍りぬ。聞きしにも過ぎて尊くこそおはしけれ。そも、参りたる人ごとに山へ登りしは、何事かありけむ。ゆかしかりしかど、神へ参るこそ本意なれと思ひて、山までは見ず。」とぞ言ひける。
>
> 少しのことにも、先達はあらまほしきことなり。

数多くの中学校・高校の国語教科書に採用されている古典の定番教材の一つである。念願であった石清水八幡宮を訪れながらも参拝を果たせなかった仁和寺の法師の滑稽さ。その姿をやや皮肉っているとも取れる語り手（作者）の人間観察の鋭さ。兼好法師ならではのものの見方や考え方がよく表れている文章である。

最後の一文、「**少しのことにも、先達はあらまほしきことなり。**」は、仁和寺の法師の失敗を鋭く指摘したうえでの教訓である。法師は、なぜ石清水八幡宮の本宮を参拝できなかったのか。本宮が山の上にあることを知らなかったと言ってしまえばそれまでだが、なぜ最後まで本宮が山の上にあることに気づけなかったのか。それを考える手がかりを、本文中に探ってみる。

まず、「**ただ一人**」である。法師は年を取るまで石清水参りをしていなかったことを「**心憂くおぼえて**」いた。そうだとすれば、そのことをだれかに話すのははばかられることだったに違いない。だから、だれにも話さず、たった一人で石清水参りを決め、出かけたのではないだろうか。したがって、事前に石清水八幡宮の情報をほかの人から入手することもしなかったのだろう。

次に、「**徒歩より**」である。「徒歩より」と書いたということは、それ以外の行き方もあったのに、あえて徒歩で言ったというふうにも読める。実際、舟、あるいは馬や牛車など、乗り物を使って行く人も多かったようだ。もし乗り物を使えば、例えば船頭やほかの乗客などから石清水八幡宮の情報を入手することができたかもしれない。それをしないでたった一人徒歩で行ったものだから、間違いに気づかなかった、とも考えられる。また、信心深くまじめな法師の人物像からすると、徒歩で寺社に参拝する方が御利益が増すということで、あえて乗り物ではなく徒歩を選んだとも考えられる。このまじめさが、さらに法師を勘違いへと導いていく。「**極楽寺・高良など**」を一つ一つ丁寧に拝んで回っている法師から見ると、「**参りたる人ごとに山へ登**」って行く様子は、いかにも不謹慎な行動に映ったことだろう。

このように、法師の人物像を共感的にとらえ、同情する立場からこのエピソードを読むこともできる。しかし、作者がこのエピソードを教訓を引くための失敗談として取り上げたと考えるならば、「ただ一人」や「徒歩より」とわざわざ書くことで、法師の失敗を読み手により面白ろおかしく伝えようとしていると読むこともできる。

当時、石清水八幡宮への参拝と言えば、船下りと山登りのコースが一般的で、ちょっとしたレジャー気分で出かける人が多かったらしい。石清水参りをしたことのある読み手には、「ただ一人」で「徒歩」で出かける法師は、普通ではない、どちらかと言えば変わり者に思えるかもしれない。作者も、この法師は、周囲との人付き合いが少なく、独善的で偏屈な人物だと捉え、その言動を斜に見て、皮肉っているようにも思えてくるのである。

(2) どういう力をつけるか―単元の目標

人物の言動の表現や使われている言葉の差異などに着目し、登場人物の人物像や語り手（作者）のものの見方や考え方を読みとることができることをめざす。

(3) 単元の構想―全5時間

第1時　『徒然草』の序を音読し、作品の概要をつかむ。

第2～3時　「仁和寺にある法師」を音読し、大体の内容を理解するとともに、疑問を出し合い、皆で読み解きたい学習問題を見いだす。

第4時　前時に決めた学習問題について話し合い、この段で作者は何を述べたかったのかを探る。

第5時　作者のものの見方や考え方について自分はどう考えるかを感想文にまとめ、互いに読み合う。

(4) 授業の実際―第4時

二〇一一年六月一〇日の秋田大学教育文化学部附属小学校公開研究協議会で筆者が行った授業の一部である。「立派な寺の法師なのに有名な石清水に行ったことがないとは…。」「だれでも知っているような石清水を知らないということ自体、何か変じゃないか。」子どもたちの素朴なつぶやきをそのまま学習問題にし、個人↓↑4人グループ↓↑学級全体の学習形態をフレキシブルに往還させながら、授業を展開していった。

> 学習問題　立派な寺の法師なのに、なぜこんな失敗をしてしまったのだろうか。

子ども　「ある時思い立ちて　ただ一人」という所で考えたのですが、一人ではなくてだれかが一緒だったら（間違いに）気づいていたかもしれない。それに「思い立ちて」だから、よく調べもしないですぐに行ってしまったので失敗したのだと思います。

子ども　「年ごろ思いつること」とあるのですが、長年ずっと思ってはいたけれど、行動に移さなかった。だから失敗したんだと思います。

教師①　それはどういうこと？　先生、ちょっと意味がわからないのだけれども…。

子ども　石清水のことを心にかけて、行こう行こうと思っていたんだけれど、なかなか決心がつかなくて長年経ってしまって、石清水のことに疎くなっていた。

教師②　Aさんの言いたいことがわかりましたか。「長年」と言ったけれど、その証拠はありますか。

子ども　（口々に）「年寄るまで」と書いてある。

教師③　なるほど。つまりAさんの言いたかったことは？　だれかまとめてくれますか。

子ども　なかなか決心がつかなくて行動に移すのが遅かったから失敗してしまった。

子ども　さっきBさんが言っていたことと重なるのですが、「思い立ちて」ということは、思いついてすぐに、何も調べず人にも何も聞かないで行ってしまったということだから、失敗してしまったのだと思います。

子ども　「ただ一人」に付け足しなのですが、「ただ一人」ではなくて「一人」だけでも十分に意味は伝わるのに、わざわざ「ただ一人」と書いてあります。現代語訳を見ると、それは「たった一人で」という意味で、わざわざ書いているということは、普通は大勢で行く所にたった一人で行ったということが相当めずらしいことなのではないかなと思いました。

子ども　（口々に）すごい、そこまで読むか。

教師④　実は、Cさんの言った通りなんです。当時、石清水参りはとても人気があって、休日ともなると大勢で連れ立ってお弁当をもって出かけたようです。今で言えば、遊園地のような人出だったらしいですよ。

子ども　それならこの人は意地っ張りだ。

教師⑤　意地っ張り？　どうしてそう思うのですか。

子ども　普通は大勢で行く所なのだとしたら、もしかしたら周りの人に「一緒に行きましょう。」というようなことを言われたのかもしれない。でも、この人はそれを断って一人で行ったのかもしれないから、意地っ張りだと思います。

子ども　ぼくは、意地っ張りというのではなくて、「年寄るまで」行かなかったのはこの法師ぐらいで、ほかの人たちはもう何回も石清水に行っているから、もう一緒に行ってくれる人がいなかったから、仕方なく一人でいったのかもしれないと思いました。（以下省略）

> ◎この時間の話合いで見いだされた法師の人物像
> プラス面　・信心深い人　・行動力がある人
> マイナス面　・意地っ張り　・さびしい人
> ・思い上がっている人・自信過剰
> ・おっちょこちょい　・頑固

右記の場面における教師の発問や助言の役割を分析してみる。

A　あえて疑問を呈し、再考を促す（教師①）

B　本文に立ち戻らせ、根拠を明確にさせる（教師②）

C　ある子どもの発言をあえて別の子どもに言い直すように促し、次第に全体のものにしていく（教師③）

D　子どもの発言に補足を加え、価値付ける（教師④）

E　理由を問い直し、読みを確かなものにする（教師⑤）

このように、教師が子どもの話合いをしっかりと見取り、意図を明確にして発問や助言をしていくと、子ども同士の「学び合い」が活性化し、授業のねらいに迫っていくことができる。

【言語活動を生かしたあたらしい古典の授業】

9　「言語活動」を生かして中学校の古典で言語力をつける
――教材「平家物語」冒頭と「扇の的」を使って

加藤郁夫（読み研　事務局長）

1　日本語の力を鍛える古典

古典はむつかしいといったイメージがある。昔の、今とは違うことを学ぶといったイメージもある。したがって、子どもたちが知らないことを教えていくといった見方が一般的であろう。

しかし、子どもたちが知らないことを、知っている教師が教えていくという観点に立っている限り、古典の授業は魅力的なものとはならない。高校における古典の授業の現状がそれを証明している。

確かに、古典で出会う文章はすんなりと私たちが理解できるものではない。意味のわからない言葉があったり、今とは異なる文化や生活習慣もある。しかし、古典で出会う文章も日本語なのである。そしてそれを学ぶ子どもたちは、日本語を母語とする日本語話者なのである。その学習において強調されなければならないことは、今と異なることではなく、今とつながっていることであり、日本語という言語の特質である。

古典は、国語の授業の一部であり、国語は日本語を教える教科である。したがって、古典も子どもたちの日本語の力を育み、鍛えていく観点から捉えていくことこそが、古典との魅力的な出会いを生み出し、それを学ぶ意味も明確なものとなる。

2　音読・暗唱を出発点に！

祇園精舎の鐘の声、諸行無常の響あり。沙羅双樹の花の色、盛者必衰の理をあらはす。おごれる人も久しか

らず、ただ春の夜の夢のごとし。たけき者もつひには
滅びぬ、ひとへに風の前の塵に同じ

「平家物語」の冒頭の一節である。小学校の教科書にも、さらには高校でも取り上げられる代表的な古典教材の一つである。声に出して読み、中学校では暗唱テストを行ったりする。「平家物語」であれば、この箇所くらいは知っておいてほしい、といった教師側の思いもある。しかし、音読・暗唱だけで終わるのはもったいない。古典は、長い時代を経て今に残っているものだけに、それを知ること・読むことに価値があるように思われてしまう。このくらいは知っておかないと、といった教師側の思いから、初めから古典を良いもの・価値のあるものとして子どもたちの前に提示してしまうことがしばしば行われる。しかし、それでは子どもたちが古典に魅力を持つ絶好の機会を失いかねない。古典は面白い、素晴らしいと子どもたちが古典の魅力を発見してこそ、古典は子どもたちにとって過去のものではなく、子どもたちの今とつながる作品となっていく。

「平家物語」の冒頭も、なぜ暗唱にふさわしのか、その理由を考えてみるのである。一読すればわかるように、この一節は読んでいて心地よいリズムをもっている。なぜこんなにリズムが良いのだろう。

「祇園精舎の鐘の声」　七音・五音
「諸行無常の響あり」　七音・五音

冒頭の一文は、完璧な七五調である。七音と五音の組み合わせは、日本語にとってもっともリズミカルなものである。詩のリズムといってよい。「七・五・七・五」で始まることで、私たちは一気に心地よいリズムの世界に引き込まれるのである。

「沙羅双樹の花の色」　六音・五音
「盛者必衰の理をあらはす」　八音・五音・四音

次の一文は、やや崩れた七五調である。リズムは崩れるが、「祇園精舎の鐘の声」に対して、「沙羅双樹の花の色」「諸行無常の響あり」に対して、「盛者必衰の理をあらはす」と対句表現になっている。音のリズムは崩れても、言葉の形がリズムを取るように配置されている。

「おごれる人も久しからず」　七音・六音
「ただ春の夜の夢のごとし」　七音・六音

「たけき者もつひには滅びぬ」七音・四音・四音
「ひとへに風の前の塵に同じ」四音・六音・六音
ここにくると、七五調のリズムはだいぶ崩れてくるが、「おごれる人も久しからず」に対して「たけき者もつひには滅びぬ」、「ただ春の夜の夢のごとし」に対して「ひとへに風の前の塵に同じ」と対句表現が重ねられている。

対句は、「語句を相対立させることによって意味を深め、同時に文章を美しくする方法」[1]である。七五調にはじまり、対句の多用と、読んでいて心地よいリズムが作られるように仕掛けられている。

また、「祇園精舎の鐘の声」はあまりにも有名で、意外に意識しないのだが、なぜここで「鐘の声」というのだろうか。「鐘の音」でもよかったのではないだろうか。リズム上はどちらでも変わらない。

『枕草子』のはじめ「秋は夕暮れ～」の中に「日入り果てて、風の音（おと）、虫の音（ね）など、はた言ふべきにあらず」という一節が出てくる。（光村図書の中学2年の教科書では、『枕草子』がはじめの方に、『平家物語』が後ろにある）「声」「音（ね）」「音（おと）」を私たちは使い分けている。「車の音（おと）がする」とはいうが「車の音（ね）」がする」とは言わない。「虫の声」とは言っても、「虫の音（おと）」とは言わない。鐘には「鐘の声」「鐘の音（ね）」「鐘の音（おと）」三通りがある。中でも「鐘の声」は、鐘の「音」に聞き手が何かの意味を見出している時である。ここでは、鐘が「諸行無常」と言っているように聞こえているのである。[2]「鐘の声」という表現一つからも、日本語のあり方を考えられる。

3 冒頭の学びを手がかりに、「扇の的」を読む

「扇の的」は、「平家物語」の中でもよく知られた、屋島の戦いにおいて那須与一が沖合の舟の上に掲げられた扇を見事に射落とす話である。

冒頭における文章表現の工夫を読み取ったことを手がかりとして、「扇の的」を読んでいく。冒頭でのリズムの良さが対句表現と密接に関わっていた。そして「扇の的」においても対句表現が随所に見られる。

対句表現が文章のリズムを生んでいることに変わりはないのだが、冒頭の対句とは異なる働きがここには

ある。それは対比である。冒頭文では、「諸行無常の響」「盛者必衰の理」と似たものを並べてあげていた。「扇の的」では、平家と源氏の様子を対句で表現している。

「沖には平家、舟を一面に並べて見物す。陸には源氏、くつばみを並べてこれを見る。」

「沖には平家、ふなばたをたたいて感じたり。陸には源氏、えびらをたたいてどよめきけり。」

平家と源氏の様子を対比的に描いているように見えるが、ここまでの両軍の様子は同じである。与一が扇を射落としたところでも両軍ともにそれを賞賛している。ところが、的を射落とした後に登場した平家方の男を与一が射倒すと、次のように表現される。

> 平家の方には音もせず、源氏の方にはまたえびらをたたいてどよめきけり。
> 「あ、射たり。」
> と言ふ人もあり、また、
> 「情けなし。」
> と言ふ者もあり。

同じ対句表現でも、その効果は異なっている。ここまで、両軍の様子を同じように描いていた。ところが、ここでは平家は「音もせず」、源氏は「どよめきけり」と対比的に描く。さらには、ここまでは平家、源氏とことわって描いていたのが、どちらとも断らずに「あ、射たり。」「情けなし。」という言葉で描く。平家と源氏に分けていたのが、はじめて両軍いりまじっての様子が描かれる。平家方の武士が射倒されたのだから、平家方は嘆き、源氏方は歓迎してもおかしくない。しかし、ここでの語り手は、「あ、射たり。」「情けなし。」と発せられた言葉だけを描いてみせる。つまり、与一が武士を射倒したことを、平家方だけでなく、源氏方でも「情けなし。」と見るものがいたのである。

対句という表現技法を手がかりに、その効果や意味を考えることで、より深く作品を読むことができるのである。

4　なぜ「学び合い」「学習集団」なのか

すでに述べたように、古典の授業で目指すべき第一は、古典的な知識の習得ではない。目指すべきは、読み方を習得・訓練・活用することを通して、子どもたちの日本語の力を鍛えていくことである。そのことは、授業も単に読み方を教えるだけでは十分でないことを示している。読み方を学びながら、それを子どもたちが主体的に活用していくようになってこそ、はじめて子どもたちの力となっていくのである。

文章心理学で「自分の認知過程に意識的に気づく能力をメタ認知」という。そして「メタ認知の訓練に相互学習という学習形態が非常に効果的」であることが実証されているという(3)。

私たちが「学び合い」や班などを使った学習形態を重視するのは、読み方という知識の習得を目指しているのではなく、それを子どもたちが自ら主体的に活用できる力を育てたいと考えているからである。

先に指摘した「平家物語」における対句の効果も、対句になっているという知識だけでなく、それが作品の中でどのような働きをし、どのような効果を生み出しているかを考えられる力をつけていくのである。そのためには、教師がそれを教えこむのではなく、子どもたちが文章と対置する中で、対句を見出し、対句の効果を考えたり、対句の違いを考えたりする学習場面が必要になる。そのための「学び合い」「学習集団」なのである。

5　「平家物語」冒頭の授業

冒頭を教師が範読、そして何回も音読を重ねた後に。

教師　音読してると、とても読みやすくて、リズムがいいことがわかるね。どうして、こんなに調子がいいのだろう？　その理由をさがしてみよう。まずは、自分で、この文章の中にある工夫を見つけてみよう。

（自分で考える時間を二分ほどとり、教師は回りながら子どもの様子をみる。）

教師　それでは、どんな工夫があったか、班で相談して下さい。

（班での話し合い、三分。教師は各班の話し合いを聞きながら、場合によってはアドバイスを行う。）

教師　では、どんな工夫が見つかったか出していこう。

子ども　四字熟語が四回出ている。

子ども　四字熟語の後に「鐘の声」「花の色」と似たような形になっている。

教師　「祇園精舎の鐘の声、諸行無常の響あり。」と

「沙羅双樹の花の色、盛者必衰の理をあらはす。」が似ているよね。こういうのをなんて言った？

子ども　対句

教師　そうだね。他にもある？

子ども　「おごれる人も久しからず、ただ春の夜の夢のごとし。」と「たけき者もつひには滅びぬ、ひとへに風の前の塵に同じ。」が対句。

教師　そうだね。ところで、対句というのは、どういう特徴がある？　対句の特徴を整理してみよう。

（班で、対句の特徴をまとめ、発表する。）

教師　他に工夫しているところはない？

子ども　「祇園精舎の鐘の声」が七五調になっている。

教師　そこだけ？

子ども　「諸行無常の響あり」も七五調。

（ここですべての音律を確認）

教師　「平家物語」の冒頭は、何度も音読してきたけど、その訳がわかったかな？

子ども　リズムがいいから

教師　どうしてリズムがいいの？

子ども　七五調で、対句になっているから。

＊これは、二〇〇九年・二〇一〇年に加藤が立命館小学校で行った授業をもとに再構成した。

おわりに

古典はむつかしいという教師の思い込みが、授業を音読だけで終わりにしたり、作品を紹介する程度にとどめてしまう。伝統的言語文化を学ぶのは、単に昔のことを知るだけでなく、昔の作品が今を生きている私たちとつながってくることに意味があるのである。そのためには、古典の文章で表現の工夫や言葉について、ワンポイントでもよいから、子どもたちが何か発見できるところをつくり出すことである。それが古典を魅力的なものにしていくのである。

注

（1）菅原克己編『詩の辞典』一九七七年、飯塚書店

（2）小松英雄『みそひと文字の抒情詩』二〇〇四年、笠間書院

（3）甲田直美『文章を理解するとは』二〇〇九年、スリーエーネットワーク

Ⅱ　国語の「グループ学習」指導のコツ――豊かな「言語活動」のために

1　はじめて国語の授業で「グループ学習」をとり入れる時のコツ

熊添　由紀子（福岡県八女市立黒木中学校）

1　国語の「グループ学習」指導のコツ

(1)「学び合い」を生む必然性のある課題を準備する

グループ学習で豊かな「学び合い」を生むためには、必然性のある課題を設定することが重要である。これが不十分だと、教師の助言や援助があっても豊かな学び合いになりにくいし、子どもたちの発見や学びも薄くなる。例えば説明的文章の構成・構造や論理の読みの中で、複数の考えが出てくるような課題が求められる。複数の考えを交流し討論し、試行錯誤する中で子どもたちは教材の中に新しい発見をする。同時に構成・構造の読み方や論理の読み方を新たに身につけていく。

「動物の体と気候」（増田光子）（小5・東京書籍）は、動物の体と気候との関係を科学的に述べた説明文だが、「本文1」の柱の段落は2段落か3段落かで意見が分かれることが多い。「本文1」は第2～6段落からなり、第2段落には「寒い地方にすんでいるもののほうが、あたたかい地方にすんでいるものにくらべて、体がまるっこく、体の出っ張り部分が少ないというけい向がみとめられる」と、動物の体の形と気候の関係の内容が述べられている。第3段落は「体の出っ張り部分が少なく、体形が球に近い」ことが「寒い地方で生きていくのに、たいへん都合がよい」と、動物の体の形と気候の関係を述べた2段落をくわしく説明している。

第4段落は「寒い地方にすむホッキョクギツネ」の例、第5段落は「暑い砂ばくにすむフェネック」の例、第6段落は「ゾウとキリン」の例である。この三つの段落は並立の関係になっている。それらを丁寧に読んでいくと、「本文1」の柱の段落は2段落ということが明らかになってくる。ここでは、第2段落と、第3～6段落の論理関係を丁寧に考えることで柱の段落が第2段落であることが見えてくるのだが、はじめは複数に分かれ、検討を展開する中で一つに絞られていくような課題が初期の「学び合い」の課題としては適している。

意見が複数に分かれず一つになった課題の場合でも、その根拠をグループ同士で交流することによって読みを深めることはできる。グループ学習を使いながらグループそれぞれに課題を与えて考えさせる実践がある。例えば前文を考えるグループ、後文を考えるグループというように役割を分担するやり方である。この場合、課題がそのグループに任されてしまったことによって子ども同士の意見が出しにくくなり内容が深まらない結果になってしまうので、課題は一時間の授業の中に学級全体で一つに絞るのが良い。

(2) 学習グループのつくり方

はじめて国語の授業で「グループ学習」をとり入れる時のグループの作り方としては、まず学級の生活グループを使う方法がある。日常的に朝の会・帰りの会や掃除等を行う生活グループでは、グループのリーダーを中心に話し合いが行われており、それを国語のグループとして使うことが可能だからである。

しかし国語の学習が進むにつれてだんだんと高度な課題になってくると国語のためのグループを編成することが必要になってくる。グループは学習リーダーとなってくれる子どもを中心に、援助が必要な子どもなどのメンバーを考慮して、まずは教師が作る方法がある。子どもたちが慣れてきたら、だんだんと学習リーダーの話し合いでグループの編成をするように移行していくのである。グループの人数は三～四人が適当である。

(3) 学習リーダーをつくる

グループ学習では、学習リーダーを設定することが重要である。学習リーダーの選出方法としては、初期は教師の指名から始め、だんだんと互選に移行していく。八つのグループがあれば八名連記で投票し、得票の多い子どもから八名を選んで学習リーダーにする。

学習リーダーへの指導は、時間があれば休み時間を使うこともあるが、中学・高校などで複数のクラスを受け持っている場合は、授業の中で指導する。例えばグループの話し合いに入る直前にリーダーを教室の隅に集めて指導をすることがある。時間は一分程度である。

リーダーには次のことを順次指導していく。

① グループ全員の意見を出させる

まずは、グループのみんなを話し合いに集中させる。全員に順番に一人ずつ意見を出させ、みんなにはそれをしっかりと聞かせる。中には自分の考えを持てないでいる子どももいる。その場合は発言した子どものどの意見に近いかを言わせるようにする。

② 教師に時間要求をする

教師は「では一〇分間、グループの話し合いを始めて下さい」等と指示をして始めるが、課題によっては時間内に話し合いが終わらない場合がある。教師が「はい、やめ」と言ったとき、話し合いが終わっていないグループの学習リーダーは「時間要求をします」と必ず言うように指導しておく。学習リーダーにはグループの学習を保障させるのである。

③ 発言者を決める

グループで話し合ったことや出た意見を全体の中で発言する役割を決める。いつも発言力のある子どもだけが発言するのではなく、グループで話し合い確認したことなので、だれもが自信をもって発言できるのである。学習リーダーは時には率先して発言することも必要だが、メンバー全員に発言させることが大事である。

④ グループの意見を一つにまとめる

課題が高度になると、意見がいくつかに割れる場合がある。その場合、グループの中で意見が分かれていると活発な論議にならないので、できるだけグループの意見を一つにまとめることが必要になってくる。グループで協力して意見を主張できるからである。学習リーダーはグループ内の意見を整理し、それぞれ根拠を検討して一番納得できる根拠のある意見をグループの意見とする。優れた学習リーダーはメンバーの合意を作りながらグループの意見を一つにまとめていく。

(4) 時間を保障し、時間を制限する

グループ学習での話し合いを充実させるためには、子

ども一人一人に自分の考えを持たせることが前提となる。そのためにも個人の考えを持たせる段階で充分な時間を保障する必要がある。教師は時間を確保したうえで、考えを持てないでいる子どもに机間指導の中で支援したりして、全員に自分の考えを持たせるようにする。

例えば、説明文の構成・構造の読み取りである「前文と後文を見つけよう」という課題であれば、教材文の長さにもよるが一〇分程度の時間が必要であろう。見つけた子どもに挙手をさせる。教師は挙手した生徒の考えをチェックしながらどんな意見が出るのかを把握する。次のグループや全体の話し合いの方向性を予想し対策を立てるためである。全員が自分の考えをもてたことを確認した後、グループ学習に移る。

一方、グループの話し合いでは時間を制限することが有効である。「前文と後文を見つけよう」という課題であれば、これも一〇分程度の時間が必要であろう。グループで話し合った結果は黒板に作った表に書かせる。時間要求は保障するとしても、制限時間を作ることが話し合いに集中を生むことになる。

(5) グループ内での関わりをつくる

学習リーダーを中心にグループ内の関わりが生まれるように工夫する。例えば全体の中でグループの考えを発言させる際、グループに順番に発言させるのではなく、挙手による指名で発言させる。その際教師は、全員がそろって元気よく挙手をしているグループに指名をするなどして、グループ内で子どもたちの関わりが生まれるようにする。また、発言中に途中で止まったメンバーの替わりに「替わって言います」と言って発言できる学習リーダーを評価する等、教師は意識的に指導を工夫する。

(6) グループから全体の討論へ

全体の討論で意見交流が活発に行われるためには、自分のグループから出した意見と他のグループの意見の違いを明確にすることである。グループで話し合った結果を口頭で発表させるだけではわかりにくい。板書をすることで、グループの考えの違いが明らかになり、これから何が論議されるのか、何を発言すればいいのかがはっきりする。例えば、前文は1～3段落なのか、1～2段落なのか、根拠を挙げながら自分の班の意見を主張し、違う意見に反論すればいいことがはっきり見えてくる。また、こういう場合少数意見を出しているグループを大事にしたい。学び合いの初期の段階では、他の班の意見に影響されて自分たちの意見に自信が持てず、一度書いた意見を書き直してしまうこともある。教師は少数意見のグループのところへ行き、根拠を確認しながら支援することが大切である。

全体の討議の中で、それぞれの意見の根拠を述べた後、意見が平行線のまま止まることがある。その場合、教師は論点を整理する必要がある。例えばこの問題提示は「大きい問題提示」なのか「小さい問題提示」なのかという助言を打つことで再び論議が活発になることがある。

2 「グループ学習」の実践例（部分）

中2の論説文「『循環型社会』とは何か」（片谷教孝〈三省堂〉）の「構造よみ」の実践である。この教材の構造は次のようになっている。ここでは「前文・本文・後文」の用語を使っている。

前文　1～2（話題提示）
本文1　3～9「循環型社会」はどのような社会か
本文2　10～17「循環型社会」はどのようにしたら実現できるか
後文　18～19（まとめと筆者の考え）

第3段落に「本文1」の問題提示が書かれている。これを文章全体の問題提示と読み間違う子どもが多い。ここでは、「『前文』は何段落までか」という課題がグループ学習で生きる。複数の意見が、丁寧に文章を読み込む中でだんだんと一つに絞られていく。

(1) 全体での学び合いの段階

教師　では前文を決定します。意見のある班はどうぞ。

子ども（3班）　私たちは前文を3段落までとしました。わけは、3段落で〈では、『循環型社会』とは、いったいどのような社会なのでしょうか〉と、問題提示をしているからです。

子ども（7班）　僕たちの班も前文は3段落までとしました。1～2段落は、3段落の問題提示を言うための前提の働きをしているし、4段落からは詳しい説明になっているので本文だからです。

教師　では、前文を1～2段落としている2班はどうですか。反論をどうぞ。

子ども（2班）　今言われた理由で前文は1～3段落と考える人もいたけど、後文の18段落に「個人の取り組みに加えて、研究機関や企業による」とあるし、19段落に「一人一人の意識に加え、社会全体が動くことで」とあって、この論説文で言いたいのはそれなので、前文は1～2段落で話題提示だと思います。

教師　今の2班の意見について、他の班はどうですか。

子ども（6班）　僕たちは1～3段落が前文だと思います。なぜなら、この文章の題名が〈『循環型社会』とは何か〉なので、そのことについて問題提示をしている3段落までが前文になると思うからです。

（2）　**班での再検討の段階**

教師　論点を整理します。3段落にあるのは確かに問題提示ですね。これははたしてこの文章全体の問題提示なのか、それとも違うのか。文章全体の問題提示ではないとすると、何の問題提示と考えられるのですか。

子ども　本文の問題提示。

教師　そうですね。文章全体の問題提示を「大きい問題提示」本文の中に出てくる問題提示を「小さい問題提示」と言いますが、3段落はどっち？　はい、話し合い。

（グループでの学び合いが始まり、その後全体になる）

子ども（6班）　やっぱり前文は3段落までだと思います。題名も〈『循環型社会』とは何か〉と問題提示のような題名なので、3段落は「大きな問題提示」です。だから前文は3段落までだと思います。

子ども（7班）　初めは3段落までを前文と考えていたけど、後文を見たらただ「循環型社会」とは何かを説明しているだけではないので、3段落は本文の「小さな問題提示」かな、だから前文は1～2段落に変えます。

子ども（2班）　3段落は「小さい問題提示」だと考えます。なぜなら、10段落にも「それでは、『循環型社会』は、どのようにしたら実現できるのでしょうか。」と「小さい問題提示」があって、本文はこの二つの問題提示について述べていると思うからです。

教師　どうですか。2班は本文の書き方に着目したのですね。本文は本文1と本文2があって、3段落は本文1の問題提示だということですね。

2　「グループ」学習では何を話し合わせたらいいか――課題設定のコツ

庄司伸子（秋田県北秋田市立鷹巣西小学校）

1　グループ学習がもつ大きな効果

グループ学習は、その時間のねらいを達成させる手段である。いつもそう思って取り入れている。漠然と取り入れるだけではだめで、子どもたちの主体的な学びを促すためには課題に必然性がなければいけないとも常々心掛けている。それがいつも上手くいくわけではないが、教師がそこを意識して取り入れるかどうかで子どもの学習への意欲は格段に違ってくるのは事実である。実際にグループ学習を取り入れた授業を重ねていくと、グループ学習のもつよさが見えてくる。

①グループ学習は、個の存在を認め個を生かす場である。
②グループ学習は、他者を認める力を育てる場である。
③グループ学習は、未完成でも認め合い補い合える場である。
④グループ学習は、少人数だからこそ話さなくてはならない場となり、「お客さん」になる暇がない場である。
⑤グループ学習は、少人数だからこそ一人一人の役目が実感できる場である。
⑥グループ学習で話したことは、話せた自信、話して認めてもらった自信がつくから全体でも話してみようという気持ちになる。
⑦グループ学習で伝え合うことは、その時間、子どもたちが誰かとつながっていた証拠である。

教科指導から距離を置いた視点であるかもしれないが、いろいろな考えをもった者同士が、主に言葉を介して関わり合う経験を積む場と捉えることも必要ではないかと思うのである。しかし、一単位時間の中でグループ学習の場面を設定する場合、取れる時間はそれほど長くはない。もちろん時間設定についてはグループ学習の経験や学年の発達段階にも左右される。子どもたちの実態に応じた設定をしていくことで、グループ学習を始めたばかりの子どもたちなら「『グループ学習』って楽しいな」「話すことが楽しいな」という意欲面の醸成につながっていく。また、グループ学習に慣れた子どもたちであれば、伝わる楽しさと、学び合うことで新たなものの見方や考え方を得る「学ぶ喜び」も味わわせることができる。では、国語科における「グループ学習」で付けることができる力とは何なのだろうか。二点挙げたい。

①グループ学習を通して一人の読みでは思いつかなかった新たなものの見方、考え方を得ることができる。
②グループ内で一人一人の考えを双方向でやり取りし合い対話を深めることで、創造的な読みが生まれる。

実際にグループ学習を授業の中で行うときには、まず始めに一人学びの時間をとっている。そこでは、これからグループ学習で話し合う課題について、自分の考えを外言化するための作業をする。この作業はノートや学習シート、付箋紙などに書いておき、グループ学習での話し合いに向けて考えをもっておくために必要である。もし一人で考えさせることなく全員が全く白紙のままで話し合っても、上記の「グループ学習のよさ」につながる質の高い話し合いにはならないからである。自分の考え(それが十分に外言化できるようなものでなくても)をもった子どもたちが顔をつき合わせ、課題解決のために話し合うのがグループ学習であると考えている。グループ学習は、国語の授業において読みを深めたり味わったりするための手段として大いに意味のある言語活動である。ここでは、グループ学習を取り入れ始めた段階の学習集団(小4)と、ある程度グループ学習になれた学習集団(小6)の実践をもとに述べていきたい。

2 「話すのが苦手」から「話すのが楽しい」へ

ほんの数分のグループ学習でも、それを取り入れることで子どもたちの目の輝きが違ってくる。それはグループ学習を行うことにより、子どもたちが主体的に学ぼうとし、そこから得られるよさや子ども自身の変容を彼ら自身が自覚するようになるからである。

発表するのが苦手な子どもでも、教師が手を打つことで変わるチャンスがある。グループ学習を成立させる第一段階としては、「話すのって楽しい」と子どもが思うことなのだと感じている。

以下、現在受け持つ子どものコメントを紹介したい。

「自分で話をしたときに友達や先生が『それいいね』と言ってくれて、ほめられてから話し合いが好きになった。」

「話し合いが今いやじゃないのは、今はまだ少ししか話せないけど、まちがってもいいと思ったからです。」

「たくさんしゃべったら楽しくて、話し合いが好きになりました。好きになってからは友達の考えもいい考えばっかりだから、聞くのも好きになりました。」

「話し合いが苦手でしたが、一回でも『わけ』を話してみたら、もっと『わけ』を話したくなりました。」

子どもたちは、三～四人のグループで自分の考えを述べることに慣れてくると、全員を前にしても話すことに対しての抵抗が薄れてくる。「話してよかった」と思う成功体験がそうさせているように見受けられる。国語の授業が他教科でも生きる言語活動を身に付ける時間であると考えるならば、意欲醸成のため、全体で発言するための準備段階として位置づけるグループ学習も大いに意味がある。

グループ学習が子どもたちに定着し慣れてくると話し合うことのよさの自覚が促され、より有益なものとして捉えてくれるようになる。

昨年までの二年間、授業を担当した学級の子どもたちは話し合うことを次のように考えていた。

「話すことは好き。話すことで自信がもてるようになるから。」

「自分の考えを伝えて認めてもらったり、違うということを教えてもらったりできる。」

「何事も発表してみないとわからないし、自分が考えていることがその授業で必要なことかもしれないし、話をするのが楽しい。」

「自分の考えの他に、他の人の考えを聞くと新たな考えになる。」

「話を聞くとためになることや必要な情報、アドバイスももらえるし、今の自分よりも一歩上がる。」

話し手と聞き手を同時に育てていくことはもちろんである。また、グループ学習の前に「話し合った後の報告をグループ内の全員が話せるように」という指示をすると聞き方の質も高まる。「他者に伝えるために聞く」意識が働くからである。そして「聞くこと」によって学びの再確認、新たな学びの獲得や自身の変容への気づきなどを「よいこと」として子どもたちは受け止めていた。

3　グループ学習での課題設定のコツ

グループ活動を取り入れ始めた時期は、話し合いのルール作りも加味して進めたい。話してよかったと子どもが成就感や達成感を味わうにはやはり認められる場や認めてくれる人が必要である。子どもたちは次のようなことに対して成就感や達成感をもつ。

・話そうと決断した勇気が認められること
・自分が話したいことが話せたこと
・聞き手からうなずきや相づちをしてもらえること
・「それはいいね」「ためになった」という反応があること

それがその後の学習への意欲につながっていた。まだ語彙も十分でなく言葉足らずな話し合いから始めたとしても、一人学びの時に机間指導をして子どもの考えを把握しておけば、その子の発言が不十分でも教師が言葉を補い、グループ内の子どもたちと分かり合えるような関わり方ができる。教師もグループの話し合いに入って話したり聞いたりすることで、教師の話し方・聞き方が子どもたちにとっては学習モデルにもなる。

子どもたち一人一人から出された考えが「どれもいいね」というのは、自信をつけたり意欲を高めたりという段階では必要である。ただし、いつまでも「どれでもいい」話し合いでは、子どもの追究意欲も学習の深まりもそぎ取ってしまうので、徐々に課題を高くする工夫が必要である。

さらにグループ学習に慣れてくると、質の高い意見交流や学び合いが見られるようになる。話し言葉による話し合いだけでなく、ＫＪ法による考えの分類など、グループ学習にもいろいろな手立てが講じられるようになり、全体での話し合いにおいても子どもの主体的なやりとりができるようになってくる。

これまで述べてきた子どもたちの段階的な実態を加味しながらグループ学習を設定するが、忘れてはならないことは、グループ学習はあくまでも単元・本時の目標達成のための手段として取り入れる言語活動であるということである。「話し合わせる課題」は本時に何を学ばせるか、身につけさせたいものは何かによって決まってくるが、おおよそ分類すると次のように整理することができる。

(1) 多様な考えを紹介し合えるような課題
① 本文の中に根拠がいくつもあるようなもの
② 人物形象を捉える
③ 吟味を探究していく場面で一人一人の考えを述べる

(2) 本文の中に根拠を見つけて話す必要のある課題
① クライマックスはどこかを絞り込む
② 筆者の主張はどこに書かれているかを話し合う

(3) 出された考えを整理・分類し合う必要のある課題
① 一人一人から出された感想を「思ったこと」「疑問」「わかったこと」を分類するために話し合う
② 筆者の工夫だと思う部分を出し合い、分類して見出しをつける

(4) 課題に向かって読み進めることで新しい発見が生まれるもの
① 筆者の情景描写の部分を見つけ、そこから登場人物の心情を話し合う

4　課題設定を生かした「『鳥獣戯画』を読む」の授業（小6・光村図書）

ここでは次の課題でこの文章の吟味を深めていった。

筆者の表現の工夫と、その効果について考えよう。

この時間は、まず一人学びで筆者が「鳥獣戯画」のよさを伝えるためにどんな表現の工夫をしているかを本文から探し一枚一事項で付箋紙にメモした。グループ学習ではその付箋紙を仲間ごとに画用紙に貼るという分類をしながら、工夫から得られる効果について話し合った。その一部分の授業記録を載せる。話し合うグループの人数は四人とした。

子どもA　これから筆者の表現の工夫を紹介し、工夫ごとに整理していきます。Bさんからどうぞ。

子どもB　ぼくは書き出しに目をつけました。「はっけ

よい」という始め方に筆者の工夫があると思いました。

子どもA　Bさんの考えに関連する人はいませんか。

子どもC　ぼくもそこがいいと思いました。読者を惹きつける工夫があると思います。

子どもD　どきどき、わくわくさせる感じがする。

【類似した付箋をまとめて「読者をひきつける」と書く】

子どもA　他に関連する人はいますか。では違うことも話してください。

子どもD　「ページをめくってごらん」とか「どうだい」とか…

子どもC　読者に話しかけるような書き方をしています。

子どもB　同じです。文末でわかるよ。（続く）

本文の工夫と分類は時間がかかり、設定の時間には終えられなかった。そこで、次時も本時の延長としてグループ学習を中心に筆者の工夫と効果について話し合いを行った。このような主体的な学びになったのは、そこで見つけ整理したことが単元終盤の学習活動に生かせるという子どもたちの見通しがあり、活動自体に必然性があったからだということは付記しておきたい。

5　おわりに

グループ学習には、一人一人の考えを交流し、比べたり取り込んだりと学びを広げ深める効果がある。創造的に新しい見方を生み出す効果もある。

そのためにも「必然性のある課題設定」が重要である。それを創り出すためには、適切な教材選択、深く豊かな教材研究、具体的で明確なねらい・目標、子どもたちの思考を多様に予想することなどが必要である。そして、はじめは教師が提示していた課題を、だんだんと子どもたち自身が自力で生み出せるようにしていくことが求められる。そのためには、子どもたちに自力で課題を創造する国語力をつけていかなければならない。

3　「グループ学習」での机間指導と切れ味ある助言・援助のコツ

竹田博雄（大阪府・高槻中学校高等学校）

1　はじめに

「グループ学習」の中で、ほぼ全ての教師が採り入れている指導の一つに「机間指導」がある。公開授業などを参観した際にも必ずといっていいほど目にする。しかし、その時、先生と子どもとの間でどんな言葉が交わされているのかはよくわからない。誰もが日常的に行っているにもかかわらず、その意図や中身が十分につかめないことに気がつく。これは「グループ学習」における「机間指導」の方法や考え方について、未だ共有化されるものが少なく、理論化されていないことを意味する。

「机間指導」は、教科指導の中でも大事な教育技術の一つである。ことに「グループ学習」における「机間指導」の意図や目的、そのより良い方法を考えることは、「グループ学習」を、よりアクティブに展開していくうえで、とても重要な課題であるといえる。

そこで今回、「グループ学習」における「机間指導」の有効な方法やそのコツについて考察する。

「机間指導」には、「一人一人」に対するものと「グループ」に対するものの二つがあるが、本稿では「一人一人」に対する指導について考えていきたい。

2　机間指導のねらい

「机間指導」は「一斉・全体指導」では掴みきれなかったり、計りきれなかったりする子どもの反応や理解等を授業者が補い、授業を、より質の高い学びの場とするために行われる指導である。

(1) 一人一人を観察し把握し指導する

例えば、ある課題を提示し、それに取り組ませているとき、どのくらいの子どもが指示通りのことを出来ているかを個別に確認するために行う。こちらが投げかけた課題や発問、話し合いをさせるための指示を行ったあと、それが、今、目の前にいる子どもにとって適切だったかどうかを確認するために行う。そのとき、子どものほとんどが間違えていたり、話し合いにならずざわついてしまったりしたとき、授業者は、その状況を見極め、対応する必要がある。

中には、指示とは全く違ったことをしている子ども、用意だけできていて後は何もしようとしない子ども、教科書・ノート・筆記具すらだしていない子どもなど、さまざまな様態を示している子どもが教室にはいる。そのような子どもを個別に把握し、それぞれに応じた指導をすることで、課題を成立させていくのである。

また、課題解決を進めている子どもたちも、どういう「解決」をしているかを把握することで、次の授業展開を構想することができる。事前に準備をしていたとしても、子どもたちの状況によって展開を変える必要もある。

授業者は、事前に立てた計画に沿った授業を展開しようとする。しかし、本来は、子どもたちのつまずきや多様な「解決」の質までもを考慮のうえで計画を立てるべきである。子どもの反応を見ながら授業を展開していくことが、案外私たちは苦手である。これは、中学から高校へと校種が上がるごとに、その傾向は強まるように私には思える。

(2) 適切な助言で子どもたちの学習を促す

課題に対する考え方に誤解があれば、適切に助言を打ってあげたり、教材文の捉え方や解釈でつまずいているのであれば、読み方の方向を示唆してあげたりする必要がある。言い換えれば、読むための方法の手がかりを示唆するということである。

これは、つまずいている子どもだけでなく、「解決」が早く進んでいる子ども、一つだけの「解決」で満足してしまっている子どもに対しても必要な助言である。

「クライマックスを前に読んだとき、どういう方法を使ったっけ?」「これと似た表現は、前の場面になかったかな?」「理由はそれ以外にもあるかもしれないよ。」

などの助言である。

(3) 励まし評価する

「机間指導」とは、特定の、目につく子どもだけを対象とするのではない。一人一人の状況・状態に応じた指導を行うべきである。解く手がかりが全くない子どもにだけ寄り添い、励ますのではなく、進んでいる子どもにも同じように寄り添い、評価し褒めてあげることが大事である。そうすることで、子ども全員が、授業への有用感を共有し、質の高い教室空間が生まれる。これは、例えば難しい問題を解かせて「出来た人？」と聞き、一部の子どもに挙手をさせて、その子らを褒める、といったような指導とは、決定的に異なる。

3 「グループ学習」におけるコツ

右の(1)～(3)の三つのねらいは、それぞれが関連し合いながら行われているはずである。ここでは右の(1)～(3)にかかわって、その指導のコツについて考えてみたい。

(1) 各グループの考え方の傾向をつかむ

まず、話し合いをさせたとき、各グループの出してくる意見を注意して確認する。例えば「すがたをかえる大豆」（国分牧衛）（小３・光村図書）の「はじめ」（話題提示）はどこかについて話し合わせたとしたら、意見は大きく四つになる可能性がある。

1 「はじめ」は第1段落が多数
2 「はじめ」は第1～第2段落が多数
3 「はじめ」は第1段落と第1～第2段落に分かれる
4 それ以外の状況

授業者は、それぞれのクラスがどのような割合でこれらの意見を出してくるかを机間指導によって確かめながら次の展開を組み立てる。例えば「4」が多ければ、もう一度「『はじめ』とは何か」の説明に戻る必要がある。「1」が多ければ、第2段落の記述により丁寧に着目させる助言を打つ必要がある。

(2) 助言を与え、読みの方向性を示唆する

次に、多くのグループが「1」か「2」に集中するようだったら、その反対の意見をつぶやき、生徒の思考を

刺激する。ここで大切なのは、授業者はあくまでもグループの話し合いを促進する立場を守ることである。「先生対子ども」ではなく、「子ども対子ども」の話し合いをさせることに徹するのである。そのためには、グループの意見を否定するのではなく、肯定した後「でも、ここを読めば、別の読みもできないかな？」と授業者が意図的につぶやくことで、新しい方向での思考を働きかけるのである。

私が行った机間指導の一部を示す。右の(1)の「3」のように二つの意見に分かれた時の指導である。子どもはノートに理由を書いていてある。

教師①　確かにそう書いてあるな。よく見つけた。

教師②　でも2段落にも「むかしからいろいろ手をくわえて、おいしく食べるくふうをしてきました」とあって、そのあとからおいしく食べるくふうが書かれてるなあ。その読みはいけないの？

教師③　3段落以降では、一体何が書かれてるの？　それを話し合ってみよう。

「教師①」は評価、「教師②」は問い直しをさせ、「教師③」は新たな観点を示唆している。よく読めば、第1～第2段落が「はじめ」であることが見えてくる。おいしく食べるためにどんな「くふう」をしているかが第3段落以降に書かれているのである。時間にして一分ほどのやり取りであった。

(3)　クラスごとに柔軟に対応する

「グループ学習」はクラスが変わればその様相は違ってくる。どれだけ周到な準備をして臨んでも、子どもは予想外の意見を出したり、頑なに、間違った答えでクラス全体がまとまってしまうこともある。

どのような様相を示そうとも授業者は、現場に応じた対応が必要となる。よって、状況によっては大胆にリセットする余裕や柔軟性をもつことも、案外、話し合いをうまく展開させていくためのコツとなる。

(4)　「役割」を与えることで助言を具体化する

「グループ学習」最大の難題は、「話し合い」が成立しない状態が起きることである。怒りながら「ちゃんと話し合いなさい！」という指導は、もはや形骸化したといってもよい。原因を見極め、参加させるための方法を考えることが重要である。

キーワードは「役割分担」である。まずは「学習リーダー」を設定する。グループでの話し合いの際に、その瞬間に教師が入っていけるグループは一つだけである。それ以外のグループは教師なしで話し合いを展開する。だから、学習リーダーが有効に働く。

それ以外にも、初期の段階では一人一人に「係り」としての「役割」を事前に与えておく。初め意見は自由に言わせる。そして停滞したとき、「役割」を果たすように促す指導をすることで、打開の可能性が見えてくる。意見に対して、例えば「賛成意見を出して援護・擁護する係り」「反対意見を出して反証・反論する係」「必ず疑問を呈し質問する係り」「どんな意見でも必ず評価し、褒める係り」といった役割を与え、それを果たすよう助言するのである。「机間指導」のとき、こうした役割に応じた具体的な助言を打ってあげることで、話し合いが息を吹き返す可能性が高まる。

役割を担った話し合いは、単に問題解決を果たすというだけでなく、子ども相互の関わり合いを深め、実効的な対話、討論を生み出していく。また、評価をしたり挑発したり、ゆさぶったりという効果的な試行錯誤を創り出していく。

ただし、だんだんと子どもたちが力をつけてきた段階では、学習リーダー以外の細かい「役割」は必要なくなってくる。

(5) 「型」を準備する工夫

クラスの思考傾向を見極め、役割に応じた助言を打つ以外に、さらに細かな観点から別のコツを一つ示したい。それは、話し合いの「型」を用意することである。

教材ごとに作成するというより、いくつかのひな形をつくり、グループの意見の過程や推移が見えるようにしておくのだ。そうすることで、「机間指導」の際、授業者がわかりやすくなる。

はじめ、次頁のようなフォーマットの「型」に沿って、順番に思考を整理させていく。定着し慣れてくると、もっと複雑なものにしても、子どもらは容易に対応するようになるだろう。例えば、相手の意見に対する反証を書かせる欄や、他の意見に影響され、自分の意見が変化した経緯を書かせる欄を増やしてみるのである。

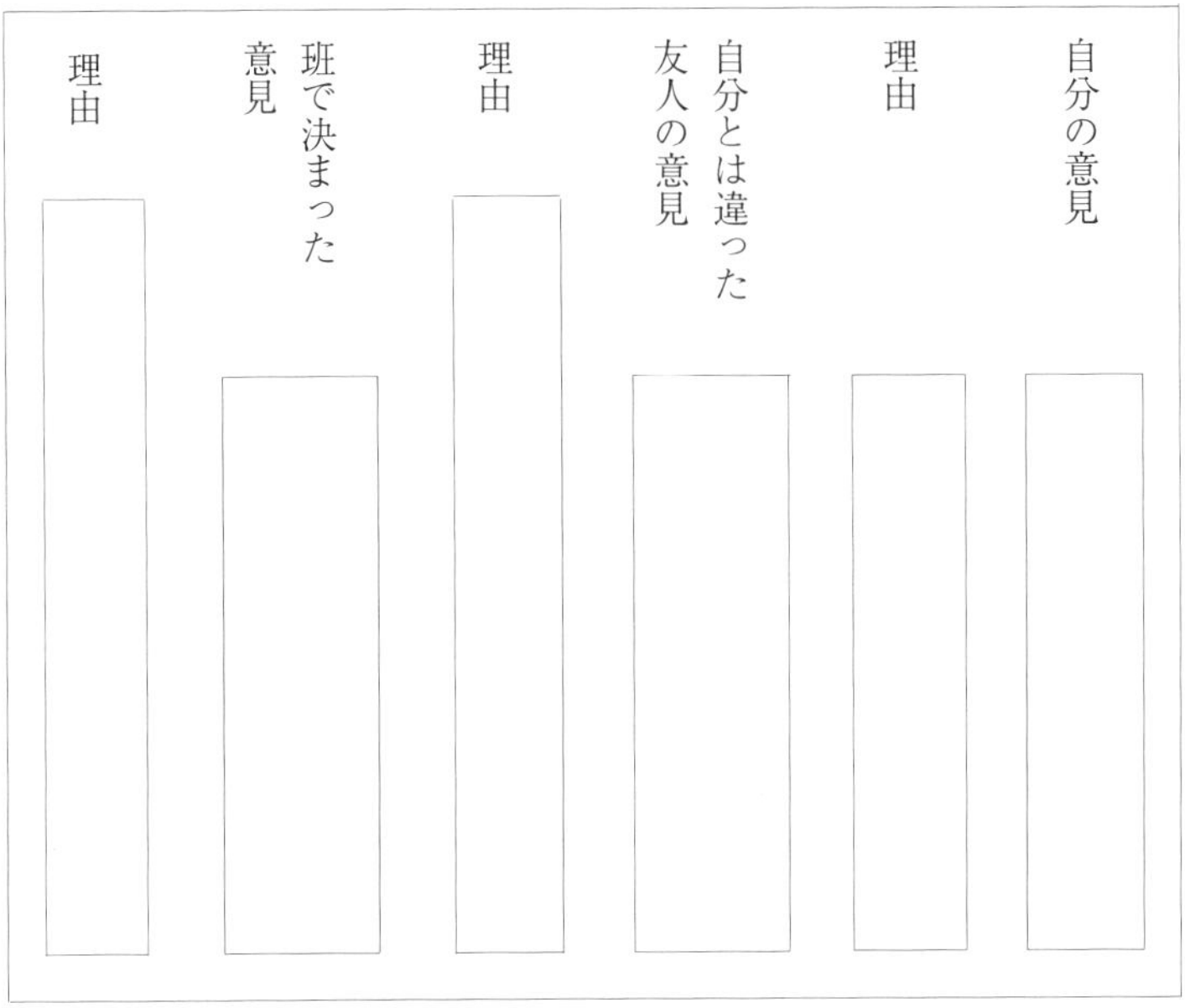

こうした「型」を用いた方法は、「書くこと」の指導にもつながる、とても汎用性のある方法だといえる。

ただ、これもだんだんと必要がなくなってくる。必要がなくなってきた段階では、もっと簡単なメモで話し合いや意見交換、討論が展開できるようになる。

4 おわりに

「机間指導」で、教師が近づいてくるのを嫌がる子どもがいた場合、どうするのか。自分の意見を教師に見せたがらない子どもがいた場合どうするのか。これは、教師との信頼関係にもかかわるが、基本的に教師が褒めることで解決をはかる。指示などではなく、とにかく褒めるところから入ることで教師の指導を受け入れるようになる可能性がある。

また、指導が偏らずまんべんなく把握できる適正なグループ数はどれくらいかということも課題と言える。逆に言えば、一グループの人数は何人が適切かということでもある。これについては、本章の「1」他を参照願いたい。

4　「グループ学習」を成功させるための評価とゆさぶりのコツ

柳田良雄（松戸市立六実小学校）

グループ学習を成功させるためには、切れ味のある「評価」と「ゆさぶり」が重要である。以下、そのコツについて実践例とともに述べていく。

実践例は、柳田による小学校6年生の授業である。

二〇一五年四月に詩「風景　純銀もざいく」（山村暮鳥）の授業を行った。以下がその詩である。（男子一六名、女子一四名、計三〇名。昨年度からの持ち上がり。）

風景　純銀もざいく

山村暮鳥

いちめんのなのはな
いちめんのなのはな
いちめんのなのはな
いちめんのなのはな
いちめんのなのはな
いちめんのなのはな
いちめんのなのはな
かすかなるむぎぶえ
いちめんのなのはな

いちめんのなのはな
いちめんのなのはな
いちめんのなのはな
いちめんのなのはな
いちめんのなのはな
いちめんのなのはな
いちめんのなのはな
ひばりのおしゃべり
いちめんのなのはな

いちめんのなのはな
いちめんのなのはな
いちめんのなのはな
いちめんのなのはな
いちめんのなのはな
いちめんのなのはな
いちめんのなのはな
やめるはひるのつき
いちめんのなのはな。

以下、授業の流れに沿って「『グループ学習』を成功させるための評価とゆさぶりのコツ」に関する事項を取り上げて解説する。

教師　教科書の六ページ、『純銀もざいく』という詩を学びます。各自で黙読しましょう。

（なんだこれ）（うぅ、どこ読んでいるのかわからなくなっちゃう）といったつぶやきが聞こえる。

教師　全員起立。微音読しましょう。

読み終えたら着席する。着席した子は繰り返し読む。

教師　一斉読みしましょう。

1　競争させるための評価

競争させると評価しやすい。順位が明らかになるからである。

ただし排他的な競争になってはいけない。皆で高め合う競争なのだということを発達段階に応じて子ども達に説明する必要がある。子どもは競争が好きだ。教育的競争として上手に取り入れるとよい。

私は各班の五人の中で、音読力の順位をつけている。得意な子が一番、一番苦手な子が五番である。

次のように音読を指導する。

教師　音読競争です。各班で一番音読が苦手な子は立ちなさい。はい、この六人（六班あるので）、音読開始！

ところでこのような場面での評価は、子どもでは見えないところを取り上げることが大事である。例えば、

「三班は最後まで読み切りましたね。素晴らしい。ところで、このように上手に読めた理由はわかりますか？実は休み時間に集まって練習していたのですよ。特に音読が苦手な山田君に、学習リーダーの池内君が

ぴったりついて、読み方をていねいに教えていましたよ。」

というように。結果ばかりではなく、取組みの過程に目を向けるのである。もしうまく見つけられなければ、班長さんや学習リーダーさん（各班の学習をけん引する役目を担う。班内の互選で決定する）に見つけてもらい、自分の班のよいところをアピールさせればよい。

次に難語句を取り上げる。特に「くさぶえ」について解説し、「やめる」の発音を確認する。

次のような感想が出される。

教師　感想を言ってください。どうぞ。

子ども　意味がよくわからない詩です。

子ども　なのはながたくさん咲いている感じがします。

子ども　同じ言葉が続いているけれど、各連に一行ずつ違う言葉が入っています。

教師　では解釈に入りましょう。技法、覚えていますか？　書かれ方で工夫されているなと思うところをノートに書きましょう。箇条書きです。始め。

（机間指導して個別に指導する。）

教師　おしまいです。班になりましょう。学習リーダーは皆の意見を聞いて発表の手だてをとります。始め。

ここで机の位置を班の形に変更させる。班内で意見を出し合わせたあと、学級全員に対して発表させる。

「すべてひらがなで書かれています。」

「各連の八行目だけ違う言葉です。」

「一番おわりにだけ句点があります。」

「各連、九文字でしかも九行です。」

等々。それぞれの意見を学習リーダーが板書する。

2　見通しをもたせる評価

「ほめるようなことをさせてほめる」とはしつけの基本だという。「評価（この場合はほめること）するような子がいなくて……」と嘆く前に、評価されるような取り組みを与えるのだ。授業においては、学習リーダーに事前に授業の流れを示しておくのもよい。授業前に学習リーダーを集めて次のように言う。

「今日は音読の後、班での話し合いを行います。技法を問います。どう、この詩でどんな技法がありまか？　はい、全部ひらがな表記ね、よいところに気づきましたね。ところで四班さん、市川君は思いつかないかもしれないから教えてあげてね。発表内容はあなたたち学習リーダーに板書してもらいますよ。」

このように授業の流れが示されると見通しがもて、学習リーダーの動きが活発になる。それを評価すればよい。

教師　では技法の意味に移ります。まず、全部がひらがな表記について。ここから何が読めますか？

子ども　やさしいが感じがします。

子ども　ひらひらしているイメージがもてます。

教師　どんな手だてを用いれば、そのようなイメージがもてますか？　以前学んだでしょ？　どの班も行っていないのですか？　自分達で解釈の手だてを探るのですよ。それを先生に言わせるようではあなた達、まだまだ力不足です。あっ六班挙手ですね。はいその通り、漢字に直してみて比較するのですよ。六班、さすがです。

3　子どもに「ゆさぶり」をかける

ゆさぶりとは、回答に対し再考の余地があるのでは？と投げかけることととらえる。「本当か？」「読みが浅いな」「他の解釈はありえないのか？」といった文言で教師から子ども達へなげかけられるだろう。ここでは回答の内容へのゆさぶりではなく、解釈方法について考えさせている。私はよく「それを先生に言わせてはだめですよ」と言う。子ども達が受け身で参加する受信型の授業ではなく、学習の手だても提起できる発信型の授業をつくるうえでは、効果的な言葉である。

教師　では八行目の解釈に移ります。各連を比較しながら八行目をどう読むか。ノートに書きます。先ほどの班での話し合いで三班、五班、あなた達がかなり深い内容を話していましたよ。三班では木村さん、ほらあなたの発言ですよ。なぜ最後だけ句読点があるのか、話していたでしょ。あれですよ。はじめ。

4　評価の言葉を指導案に書く

「指導は評価で決まる」と言われる。評価から教師の子ども観・指導観が読み取れる。例えば「前田さんは大きな声で音読できるからすばらしい」と評価する。この場合、発言した教師は「音読とは大きな声で読むのだ」との価値表明をしたことになる。「小さくて通る声がよい」でもなく「句読点で句切る読み方」でもない。

いや、そんなつもりはない、いちいち問題にするような発言ではないと言われるかもしれない。しかし無意識ともいえる発言にこそ価値観が表出するのも事実だ。それを検討することは教師としても力量をつけるための優れた学びになる。

そこで指導案に「評価」の文言を書き込むようにするとよい。発問や指示と同様に書くのである。しかし評価は発問や指示と違いあらかじめ決めた言葉では表記しにくい。したがって「討論への意欲を示した班を評価する」とか「記述の優れた子を数名評価する」といった書き方になるだろう。指導案なしの日常の授業であっても「このような視点で評価しよう。」との構想を抱いて臨むようにするとよい。

教師　八行目について発表してください。

子ども　各連の八行目を比較して意見を述べます。一連では「むぎぶえ」とあります。これは何だか楽しそうなイメージです。二連は「おしゃべり」、これも楽しそうです。三連は「やめるは」とあります。病気だから暗いイメージです。明るい→明るい→暗いと進んでいます。

教師　なるほど、なるほど。言われてみればそんな気が……。どうですか?皆さんそうですか?

子ども　私は違うように感じます。一連は「かすかなる」とあります。ということは消えそうな感じがします。二連。ひばりはたいてい一羽で飛んでいて鳴いています。それを「おしゃべり」と比喩であらわしているので、これも少し寂しい感じがします。だからこの詩は、菜の花は春らしくて明るい感じがするけど、全体的には暗いイメージが流れていると思います。

5　子どもが子どもに「ゆさぶり」をかけられるようにする

「教師から子どもへのゆさぶり」の次は、子どもから子どもへのゆさぶりである。これはつまりは反論ともいえる。要するに討論のある授業である。常に友だちの意見を集中して聞き、意見を述べさせる。日常的に指導しないとなかなか身につかないだろう。

教師　よい解釈がたくさん出されましたね。なかでも一班の岩崎さんの「一連は人（むぎぶえをふくから）、二連は動物（ひばり）、三連は自然（月）」という解釈、すばらしいと思いました。この詩のなかに、まさに森羅万象がふくまれているのですね。四班の市川君、五行書けましたね、すばらしい。学習リーダーさん、ありがとう。ところで句読点の解釈については、先生は「臨終」ととらえる山田さんの解釈に賛成です。一連は少年→二連は大人→三連は晩年というとらえ方ですね。反論のある子は、いつものように家庭学習ノートにかいてくださいな。

6　「師の言は水火に似たり」―評価のコツ

「師の言は水火に似たり」という。この場合の「言」とは評価と解釈してもよい。まさに水や火に値する価値をもつ評価が、子どもを伸ばす評価といえるだろう。評価とは単に優劣をつけるものではない。そこには劣っているところを引き上げる指導が伴わなければならない。学級には自分の意見がいえず自信をもてない子が何人も見受けられる。彼らに対して教師はあるべき姿を早急に求めすぎるのではないか。そこではまず受け止める姿勢を見せない限り、たとえそれが激励の評価であっても、彼らを追い詰めるだけに終わってしまう。

教師の評価の姿勢を子ども達は真似る。特に、子ども達同士の関わり合いがなければ成立しないグループ学習においては、教師が範を示して教え導きたいものである。

7　教師の解釈に「ゆさぶり」を

「子どもから子どもへのゆさぶり」の次は「子どもから教師へのゆさぶり」である。これは子どもの発達段階にもよるが、私は高学年を担任すると私の解釈を吟味させている。最初は私が私の意見を批判してやり方を示す。反論は授業中にとりあげるよりも、本授業のように家庭学習とすることが多い。このゆさぶりができるようになると、子ども達にかなりの読解の力量がついたといえる。

5 「グループ学習」の司会・学習リーダーへの指導のコツ

湯原　定男（岐阜県・多治見西高校附属中学校校長）

1 グループ活動の意味

国語の授業において、グループ活動は不可欠だと考え、読み深めが必要な場面において常に取り入れてきた。小学校、中学校ではもちろん、高校でもグループ学習は成立するし、有効な教育方法である。

国語において、まず自分自身で読み、その考えをさらに深めるという過程を通してはじめて「読む力」はついていく。というのは、国語において「深く読む力」というのは、表面に書かれていることの裏にあるものを読みとる力であるからだ。教師の一方的な説明を聞くだけでは、けっして主体的な読み手を育てることはできない。

「読み」の授業研究会では、読みの過程を「表層のよみ」と「深層のよみ」に分けている。後者を文学的文章であれば「構造よみ」「形象よみ」「吟味よみ」という過程で、説明的文章であれば「構造よみ」「論理よみ」「吟味よみ」という過程で指導している。「深層のよみ」においては、いずれの過程においても、さっと読んだだけでは読み取れず、自分自身で考え、他者の意見を参考にしながら読み深めていくという過程は不可欠である。

そうした場合、グループ活動はこうした「読み深め」において非常に重要な役割を果たす。私はグループ学習の良さを次のように考える。

(1) 授業を受ける全員が発言する機会をもつことができる

一斉授業においてはなかなか全員が発言することは難しい。とくに自分の意見がまとまらなかったり、自信がもてない場合はとくに発言しにくい。グループであれば発言したり、疑問を出したりする時間を確保できる。

子どもの学習への「主体的な参加」がより進むこととなる。

(2) 他者に説明することで、より自分の考えを明確にすることができる

グループにおいては、まとまっていない考えでも言いやすい。説明することでより自分の考えをまとめ、明確にすることができる。さらには、話してみて実はよくわかっていなかったということがわかることもある。

黙っていても学習が全く成立しないわけではない。しかし、学習の質は十分に高まりにくい。子どもにとって発言したり質問したりする機会をもつことの意味は大きい。

(3) 他者の意見を聞くことによって自分の気づかなかった点に気づく、他者の意見を参考に自分の意見をより深められる

ただ教師の説明を聞くだけの場合とは違って、自分の意見を考えたうえで、他者の意見を聞くのでは意味が違う。「聞き方」も主体的なもの。他者の意見を参考に自分の読みを深めたり、気づかなかった視点を得ることでより深く読むことが可能になる。それは生徒にとって喜びであるし、「おもしろい！」と発見する喜びにつながっていく。まさにここに学習集団をとおして「学び合う」値打ちのある活動となる。

(4) 少人数であるだけに討議がしやすい

グループ活動において子どもには、受け身的な参加ではなく、能動的・主体的な参加が求められる。少人数だから抵抗感が少ない。発言すること・発言を聞くこと・小グループでの討議を通して、「表現力・判断力・思考力」が鍛えられる。そして「学び合う」ことこそ「言語活動」としてふさわしい。

2 司会者・グループリーダー指導のポイント

グループ討議においては、司会者やグループリーダーの役割は重要である。

グループ討議に慣れないうちは、「とにかく全員が発言」「発言を促す」ことが大切。自由討議がある程度できるようになっても、「方向性を明確にする」「根拠を班

の中で確認する」という意味でも大切だ。

　これらの指導について、いくつかの点をあげたい。

(1)「司会者」「グループリーダー」の決め方

　まず、グループの話し合いのためには、班長・学習リーダーを決める必要がある。それにはさまざまな方法がある。

①生活班と学習グループを兼ねる場合、生活班の班長とする。

②学習グループの場合は、次の三つの方法がある。

　ア　班内で話し合いで決定する、
　イ　立候補できめる
　ウ　教師が指名する

　私は、ウ「教師が指名する」を取ることが多い。ただし指名と言っても、リードする力がある子どもを指名する場合と、たとえば「誕生日が一番早い人」「一番家が近い人」「今日一番早く起きた人」などと、ゲーム的な要素で指名する場合がある。これは、学年や学級の状況によって使い分ける必要がある。

　比較的学力や発言力に差が少なく「誰でも可能である」という場合は、後者でも問題はない。しかし、明らかに学力や発言力に差がある場合は、はじめの段階では力のある子どもを指名する必要がある。

　ただし、年間を通して特定の子どもだけにリーダー役を指定するのではなく、クラスの多くの子どもができるようになることも大切である。

(2) 学習リーダー（司会者）の役割

　学習リーダー（司会者）としての役割は、「学び合い」を成立させるために、非常に重要になる。その役割は以下のようなものである。

①全員に発言をうながす
②話し合いが課題からそれないようにする
③話し合いを促す
④班の意見をまとめる
⑤発表者を決める
⑥話し合いの時間を意識する
⑦教師や学級に対して要求を出す（時間の延長など）

(3) グループでの話し合うときの指示・説明をクラス全体にたいして事前に実施することが大切

グループでの話し合いに慣れていない段階では、話し合いの前に、全体に次のような指示をすると抵抗なくできることが多い。その上で司会をしてもらう。

①目指す方向

ア 「全員」が必ず意見を言うこと。

イ その時、大切なのは「意見」とその「理由」であること。その二つを言うこと。

②保留もよしとする

ウ ただし、自分の意見が決まらないときは、「後で」でかまわないこととする。

エ グループのメンバーの意見を聞いてから、「賛成」あるいは「反対」でもいいことを伝える。かならずしも独自の意見でなくていい。まず、自分の意見を表明するところからはじめる。

③最初では、「理由は直感」もよしとする

オ 「理由」が大切だが、「勘」「直感」というのも最初のうちは「よし」とする。グループのメンバーの意見を聞きながら、言葉にすればいい。

④話し合いの時間

カ 班の話し合いの時間は例えば5分とするが、それで足りなかったら、延長する要求をしてもよい。

(4) 学習リーダーをいつどこで指導するか

学習リーダーへの指導は、短時間で済ますことが原則である。授業の冒頭や授業の直後などである。授業以外に呼んで、学習リーダーの役割を伝えることもある。

学習リーダーが新しくなった場合などは、昼休みなどの時間を利用してやや長めの学習リーダー会を開くこともある。

いずれにしても、教師は役割を指導するとともに、常に学習リーダーを褒め、励ますことが重要である。リーダーたちのやり甲斐と自覚を高めていくのである。

(5) 自分の意見を考える時間を確保する

班全員に発言をしてもらうためには、子どもがそれぞれちゃんと自分なりの意見をもつ必要がある。そのためには教師が「二分」「三分」とか時間を指定してまず考えさせることも大切だ。そして、ここで班長が考えをもて

たかどうか確認をしながら各グループの話し合いに入る。

(6)　グループ内で誰からはじめに意見を言ってもらうか

「全員に」意見を聞く、そしてそれを互いに話し合うことで一つにまとめていく。最初にそれぞれの意見を全員に表明してもらうのだが、順序をどうするのかは、明確にしておいたほうがいい。これはリーダーに任せてしまってもいいし、教師の側から「リーダーの前に座っている人から時計回りで」と指示してもかまわない。

(7)　時間を意識させる

これは意外に大切。三分、四分などとあらかじめ決めておく。それを繰り返すことが大切。教室にタイマーを持ってきて時間を計る。また、テレビモニターなどがある場合は、時間をそこに表示するのは効果的だ。

何度も「三分」「四分」と授業で繰り返しているうちに、子どもたちは時間を明確に体感するようになり、緊張感をもってすばやく話し合いをするようになる。時間を決めて話し合いを始めた方が、集中力が増す。

学習リーダーは、その時間を特に意識してもらう。そしてどうしても時間が足りない場合は、学習リーダーが「時間を延長してください」と要求するように指導する。

(8)　話し合いをまとめる

話し合いの時間が終わりに近づいたら、「意見」とその「理由」を明確にできるよう、グループ内で確認するように、学習リーダーに指示をする。

(9)　発表者をどう決めるか
――まずは班長・グループリーダーに

グループの意見を発表する人を決めるのに時間がかかっては意味がない。さっと決めることができるグループはいいのだが、なかなか決まらないことも。

そこで私は、最初にグループを代表して意見を言うのは学習リーダーと決めることが多い。

もちろん発表者を教師の側で決める場合には、あらかじめ指示をしておくとよい。

慣れてくると、発表者はしぜんとグループ内で決められるようになることが多いように思う。

（10）**話し合いの途中での学習リーダへの指導**

話し合いをはじめてから、教師は各グループの様子を確認しながら、話し合いの状況を確認していく。

早々に結論が出てしまったようなグループには、観点が一面的であったり、表面的な議論に終始していることが多い。だから、見落としている観点がないかどうかを確認することや、他グループから出るだろう反論に対する意見などを話し合うように促すとよい。

意見がでず、話し合いが進んでいないグループに対しても、どういう状況かを学習リーダーに確認しながら、教師は考えるヒントを小出しにしながら話し合いを促す。ともに、リーダーがもう一度グループのメンバーに意見を促し、確認するということをさせたい。

（11）**発表の時、全員で挙手をするように指導する**

小学校や中学校では、発表の時グループ全体で挙手をし、アピールするとよい。これを実施すると一気にクラスが活気づく。「一番元気な」あるいは「全員が早く挙手した」グループからあてる、と教師が宣言すると生徒たちも意欲的になることも多い。

この時、リーダーには「せいの」と声をかけることも役割とする。小さなことだが、他の班との競争にもなり、リーダーとしての自覚がうまれる。うまくいった班にはもちろん「一番元気だった」「一番早くそろって挙手できた」としっかり褒めておきたい。

3　おわりに

今重視されつつあるＰＩＳＡ学力においては、育成すべき資質能力を育むための「課題の発見」「解決に向けた主体的・協働的な学び」がもとめられている。グループでの討議はまさに、「協働的な学び」の一つの形である。学習リーダーは、学びあう活動を「主体的に作り出すがわ」に立つことになる。子どもたちにはぜひともそうした体験を重ねながら学びの力を高めてほしいと考える。

参考文献

加藤辰雄『誰でも成功する　言語力を高める話し合い指導　学級活動から授業まで』二〇一四年、学陽書房

6　「グループ学習」で白熱した討論を作り出すコツ

町田雅弘（茨城県・茗溪学園中学校高等学校）

国語に限らずグループ学習を採り入れた授業をしてみたいと考えている教師は多いと思う。

大人であっても、人数が多くなればなるほど、意見を発表する場というものは緊張する。子どもならそれはなおさらのことで、表明されないままで行き場を失ってしまう意見も多いはずだ。教師の発問に対して大勢の子どもがいる教室に沈黙が続き、結局は自分で解説をしてしまう。そのような授業は少なくないだろう。グループ学習を取り入れた授業なら、もっと「気軽に」子ども相互が意見を交流することができる。

また、教室内に気軽に意見を交流できる雰囲気があったとしても、本筋から外れてしまうような意見ばかりでは授業は深まっていかない。グループ学習を取り入れた授業なら、友達同士で教え合うこともできる。またその中で多様な気づきを生み出すこともできる。レベルの高い授業を目指すことも可能だ。

このようなメリットがありながら、グループ学習に踏み出しづらい理由があることも事実だ。第一はグループにすることにより生まれる私語や落ち着きのなさと果してどのように向き合っていくのか。第二にグループ内で生まれた気づきを教室全体のものにしていくにはどのようにすればよいのか。第三にそれを発展させ白熱した討論を生み出すにはどのようにすればよいのだろうか。いずれも、大きな問題だ。

先にあげた問題点と、これまで二五年間自分なりに闘ってきたつもりだ。その結果、自分のものにしてきたグループ学習の指導上のコツをまとめてみる。

1　グループ学習の基本的な進め方

課題に対して、教室の中に作った小グループで討議をし、またそこで出された結果についてクラス全体で討議をしていくという二重討論の学習方法である。

私は、三名から四名で構成される十二グループを教室内に作っている。六名で試してみたこともあるが、話し合いに参加しない子どもが出てきてしまうため、このくらいの人数が丁度良いようだ。

三名から四名とは言っても、誰が仕切るのか顔を見合わせたまま遠慮しあうこともあるので、必ず「学習リーダー」を各グループに一名おいている。学習リーダーの役目は、グループ内の議事進行係である。メンバー一人一人がどういう意見をもっているか、またその根拠を聞いていく。意見が分かれた場合は互いを説得し合い、班としての結論を導き出していく。

グループ内討論では、制限時間を設けることが多い。だいたいは3分程度である。ただだらだらと続けるよりは時間を決める方が、話し合いに集中ができるようである。集中力がきれるグループがある時は「あと1分！」などと追い込む時もある。また、学習リーダーが時間不足と判断した時は「時間要求！」と私に声をかけるよう指導している。その他の要求もあれば、「聞こえません」「質問がよくわかりません」などグループを代表して声をあげている。

各グループで話し合った内容を、全体に発表する時にはまずは発言権を取らなくてはならない。そのためのルールを決めている。意見を言う人だけに任せてしまい、他の人たちはもう関係がないという雰囲気を作らないためのルールである。それは「全員が手を挙げること」。早く全員が手を挙げた班から指していく。ゲーム的な要素も加わり、子どもたちは楽しみながら先を競うように手を挙げていく。授業にテンポが生まれ、集中するようになる。そして、他の班の意見も良く聞くようになる。討議を白熱させる仕掛けの一つだ。

2　グループ学習を生かした授業の実際

二〇一五年五月一六日一時間目に行ったグループ学習を利用した授業記録を提示してみる。中学1年D組（三八名男子一九名女子一九名）、文学作品・小説「オツベルと象」の構造よみの授業である。構造よみの授業は二作品目となる。休み時間のうちに、グループ毎に机が移動してある。

教師① 今日はクライマックスの決定をします。まずは自分で考え決めてみよう。始め。

（五分程度、その間に学習リーダー会を行う。）

教師② では、早速班討議をしてみよう。学習リーダー、頼みます。始め。

（班で討議。決まったグループから黒板の枠に自分たちの意見を書き込んでいく。そして、根拠が発表できるように話し合いが始まっている。）

教師③ 全てのグループの意見が出そろいました。もうすでに、根拠について話し合いを始めているグループもありますね。この後、理由を発表できるように準備をしておいてください。時間は三分。始め！

（この時間を利用して板書の整理をしておく。各グループを回り、指導を入れていく。）

教師④ はい、止め。それでは賛成意見の方から聞いていきます。意見がある班、どうぞ。

（ほぼ全員の手が上がる。）

教師⑤ ６Ｂ（班の名前）。

子ども 私たち６Ｂが支持するのはＥの箇所です。ここでオツベルが象たちにつぶされてしまい、象たちの勝利が決定するからです。

（意見を板書する。）

教師⑥ Ｅに対する意見が出ました。では、Ｅの意見から聞いていきます。Ｅに賛成の班は？

（Ｅの意見が発表されていく。以下、同様に違う箇所の意見も出されていく。）

教師⑦ では全員、黒板に注目！　お、２班の注目早いね。５班も反応がいいよ。全員がこちらを向いていますね。それでは、それぞれの箇所に出された意見を確認してみましょう。

（意見の確認・説明。）

教師⑧ Ｄ組では、クライマックスが六つに分かれていますが、どうも皆さんの意見を聞いていると似ている意見がありますね。どの意見が似ている？

子ども ＡとＢとＣとＤ。あとＥとＦ。

（最初の4か所は、象たちが白象を救おうと盛り上がっているところ、EとFは象たちがオツベルの屋敷の中で奮闘しているところと整理したうえで、どちらが良いか討議した。その結果、クライマックスは最高潮の箇所であることが確認され、A～Dは、それ以降も盛り上がっていることを確認。A～Dは一度に消され、EとFのみが残った。）

E　オツベルはケースを握ったまま、もうくしゃくしゃに潰れていた。
F　丸太なんぞは、マッチのようにへし折られ、あの白象は大変痩せて小屋を出た。

教師⑨　残ったのは、EとFの箇所だね。さっきは賛成の意見を聞いたので、今度はそれぞれの箇所に対する反対する意見、反論を聞きます。それでは各グループで、反論を練ってください。時間は三分。始め！

（討議後、発言権をとったグループが発表する。）

子ども　Eに対する反論です。オツベルがつぶれたからという意見でしたが、白象が望んでいたのは「みんな出てきて助けてくれ」であって、「オツベルをやっつけてくれ」とは言っていません。

教師⑩　Eに対する反論が出ました。Eを指示しているグループ、今の反論に対する反論はありますか。

子ども　そうかもしれないけど、象たちは「オツベルをやっつけよう」ってはっきり言っている。象たちの目的はオツベルをやっつけることだ。

子ども　それに対する反論です。オツベルをつぶすことが目的なら、象たちはオリの中の白象を残したまま帰ってしまうんですか。

子ども　6Aに賛成です。仮に象たちの目的がそうであっても、象たちが主人公ではないし、主人公である白象の願いが叶うまではクライマックスとは言えないんじゃないですか。

（授業は、Eに対する反論とFに対する賛成意見が多数出て、クライマックスの決着がつき終了した。）

3　討論を作り出す指導のコツ

前述の「1」で述べたとおり三～四名のグループを単位とする制限時間を設ける、全員が手を挙げるといったゲーム的要素を重視していくことが大切である。そのうえで、グループ学習で白熱した討論を生み出すためのコツを以下述べていく。（教師番号は、右の「2」の授業と対応している。）

(1) グループでの話し合い・討議の前に必ず一人で考える時間を保障する（教師①）

グループ内の話し合いを成功させるためには、個人で考える時間をたっぷりとることが前提となる。時間がないからと言って、ここを省略すると授業内容についてこられなくなる子どもが出てくるので注意すべき。経験上、五分以上は必要。ただし、その学習課題によって違う。

(2) 学習リーダーを選び、「学習リーダー会」で丁寧に指導をする（教師②）

グループ学習としての本時の目標や必要な指示を出す。本時は、今回のクライマックスの箇所はもめそうなので早めに決定ができるようにということを話した。学習リーダーの任期は教材が終わるまで、グループ毎に選出している。中学生の授業では、ア「（話し合いの時間が足りない時の）時間要求」、イ「授業内全班発言」、ウ「班内全員発言」等ができることを学習リーダー会の目標とし、一つ一つ達成させていくこともある。また、初期の段階で学習リーダーが充分に活躍できないグループがあるが、その場合は教師の指導で補う。例えば、班討議の最中に学習リーダーのリーダーシップが発揮されていないグループがあったら、一緒になって考えてみる。話し合いは進んでいるものの発表ができないグループがあれば、意見を聞き「いい意見だね。是非皆に教えてあげよう」など評価をして自信をつけさせる等していく。

(3) 黒板に各グループの意見を書かせ、一見して争点が見えるようにする（教師③）

板書することによって、各グループが意見表明をすることになる。他グループの出方を参考にすることができる。なかなか意見がまとまらない班をせかすという効果もある。

(4) グループ学習だからこそ、「グループ→全体」への切り換え、集中を促す指導を重視する（教師⑦）

グループ学習は、確かに私語が増えやすく落ち着きがなくなりやすい。授業の要所要所で全員が集中するまで待つ時を作り、前に向かせきる。これができないと、白熱した授業は作れない。

(5) 多くの意見が出た場合、争点を明確にするために、近い意見は一つにして2~3のまとまりに集約し、討論をしやすくする（教師⑧）

今回の授業のようにクライマックスの箇所が六つも出てしまうと、討議に時間がかかるし、子どものやる気が鈍る。二つから三つのまとまりにすることで、討議がより白熱する。

(6) 意見の相違があった場合、争点を明確にし「反論」を促す（教師⑨）

意見は大別すると二つに分かれる。自分たちが支持する箇所の理由となる「賛成意見」と、違うグループが支持する箇所の反論となる「反対意見（反論）」だ。これをごちゃまぜに発言させると、討議の交通整理がしにくくなる。最初は賛成意見に限り発言を許可し、他の班に対する反論は後にさせている。意見を聞いている子ども達にとって、現在何が話題になっているのか明確になるような配慮は欠かせない。

反論は賛成意見に比べて、高度なレベルの発言力が必要となる。また、クラスの友人の意見にケチをつけづらいこともあり、口を閉ざしやすい。「この意見に皆納得なんだね。反対する人は誰もいないんだ。本当にそれでいいの？」など、時には教師の「挑発」が必要なこともある。

(7) 常に教師はグループの言動を誉める

誉めることで、子どもたちはやる気を出し討論が活性化する。グループ学習に限ったことではないが、どこが良かったのか明らかになるように、評価をすることが大切である。また個人ではなくグループを誉めることで、他グループの原動力にもなる。

それも「この班は集中が早いね」「この班は既に全員発言が達成したよ」「この班は自分たちの意見を最後まで貫いてよく頑張ったね」などできるだけ具体的に誉めることがポイントである。

1　古典『おくのほそ道』（松尾芭蕉）「立石寺」の1時間の全授業記録とコメント

加藤　郁　夫（読み研　事務局長）

授業日時　二〇一三年一二月二日（月）５時間目
授業学級　秋田大学教育文化学部附属小学校
　　　　　６年Ａ組（男子16名　女子18名）
授業者　大庭　珠枝先生

＊枠囲みの箇所は、加藤のコメントである。

【教師の指示で全員が起立して、音読するところから授業が始まった。ほぼ全員がプリントを見ることなく、ゆったりとしたペースで音読している。】

教師①　今日はみんなで俳句のところを読みます。俳句だけ、みんなでもう一度読んでみましょう。

全員　（一斉読）

教師②　さて、この俳句の季語は何でしょう。

全員　蝉。

教師③　季節はいつですか。

全員　夏。

教師④　この俳句の中に使われている、技法。何かありますか。（数名が挙手。）はい。

子ども　閑さやの「や」で、切れ字を使っている。

教師⑤　そうですね、切れ字。（板書しながら）切れ字ってどんな気持ちが込められているんですか。

子ども　ええっと、心理語。思いを動かされたというか。そういうときに使う。

教師⑥　閑さ「や」だから、閑だなあ、ここに一番感動がこもってるってことだよね。他にありますか。

子ども　「蝉の声」っていうので、「声」が擬人法。

（「同じです。」の声あり。）

教師⑦ 擬人法かな、これ。（「擬人法じゃない」という声もあり。）擬人法じゃない？（子どもたちはどちらとも判断が付かない様子。）犬の鳴き声とか言うよね。先生も最初、擬人法かなって思ったけど、人間以外にも使うので擬人法ではないそうです。でも、（「声」という文字を指し）何だ？「蝉の声」っていう終わり方？

子ども 体言止めです。

教師⑧ 体言止め。他にありませんか？

子ども 「閑さや岩にしみ入る」っていう場所で、閑なのが岩にしみ入るっていうのが、何かちょっと比喩が使われているんじゃないかなと思いました。

教師⑨ 「岩にしみ入る」は比喩、どうですか？（「ううん。」と悩む子ども。）

子ども 例えてるんでしょ。実際はしみないでしょ。

教師⑩ 実際は、しみないよね。比喩なんだね。比喩の中でも、直喩、隠喩どちらですか。

全員 隠喩。

教師⑪ 「ようだ。」が隠れているので、隠喩ですね。しみ入るよって例えているのは蝉の声なんだね。さて、「蝉」ってどんなイメージですか。

子ども うるさい。

教師⑫ そうだね。うるさい。（その後、子どもたちが口々にイメージをつぶやく。）人生が短そうだ。地面の中で頑張っている。まあ、いろんなイメージがあるけれど、まあ、蝉っていうとうるさいなあ。見てください。（壁面に張った立石寺のパンフレットを指さす。）立石寺のある山寺って、すごいところだよ。木もいっぱいで山で、ってことは、蝉は、たくさんいるんだね。○○さん、夏に行ったんだよね。どうでした？

子ども こりゃあすごいってくらい蝉が鳴いていて。

教師⑬　実際に、松尾芭蕉さんが行ったときも、蝉は、こりゃすごいなあって思うくらい鳴いていた、と考えられるよね。と考えると、この俳句で何か変だなあと考えられるところはないですか？

全員　「閑さや」。

教師⑭　どうして変なの？（挙手多数。）

子ども　本来は、「蝉」ってうるさいものなのに、なんで一番最初に「閑」っていう言葉を入れているのか。

教師⑮　みんなも同じところですか。（うなずく子どもたち。）実際にいっぱい鳴いているんだよね。でも、「閑さや」と松尾芭蕉さんは感じました。

> ここで教師は、本時の学習問題を「なぜ、作者は『蝉の声』がしているのに『閑さや』と書いたのか。」と板書し、赤枠で囲む。その後、子どもたちに自分の考えをもつことを求め、一人で考える時間を三分とる。

【その後、班での話し合い（三分）に入る。】

［六班］

子ども　芭蕉さんの俳句には、なぜか「閑さ」って書いている。つまり正反対。芭蕉さんは、「蝉の声」をどういうふうに思っていたんだろう。

教師⑯　そうだね。どう思う。（他の子どもに話を振る。）

子ども　「閑さや」っていう、「や」っていうのは筆者の気持ちがそのまま表れているので、蝉の音が鳴っているのですけど閑って、なんか、ううん。

教師⑰　「閑」って何だろうね。

子ども　普通の「静か」とは違うんじゃないのかな。

子ども　「閑」って、漢字違うよね。

［三班］

子ども　一つの、自然の音としていいふうに捉えているんじゃないかなあと思います。

教師⑱　普通の「静か」と違うんだ。この「閑」は。

子ども　まあ、その意味もあると思うんですけど、そういうところから離れたっていう意味で、すがすがしい所ってことで、「蝉の声」もまた一つの自然として捉えて、そういうふうになったんじゃないかと。

［八班］

子ども　みんな共通しているところがあって、蝉の声しか聞こえなくて、周りがすごい静かだと思う。

教師⑲　蝉の声しか聞こえない、どうしてわかるの。

子ども　いや、でも。ぼくは、周りから若干音がきこえるものの、この蝉の声がいっそう際だって聞こえる、自然の音が蝉の声を美しく際立たせると感じて。

> 教師は班を回り、子どもの意見を聞きながら、さらに深められるように助言を与えている。

【全体の学習に戻る。】

教師⑳　どんな考えが出たのか、みんなで聞きましょうね。（挙手多数）六班さん、困ってたよね。どういう部分で困っていたんですか。

子ども　はい。「閑」と「蝉の声」は正反対で、あと、「閑」ってもうひとつ、「静か」もあるのに、なぜ、こっちを使ったのかっていうのも迷いました。

教師㉑　そうだよねえ。（板書を指しながら）よく見ると、「閑」と「蝉の声」って正反対だ。こういうのを、対比って言うんだけれど。でも何でこんな漢字なんだろうっと思ったんだよね。この「閑さ」って言う言葉について考えた、というグループはありますか。

子ども　「静か」は、話し声が聞こえない、そういう「静か」とわかるんですけど。「閑」を調べたら、気持ちや態度が落ち着いている様って書いていたので、景色に集中しているというか、心が澄み切っていく、それが「閑さ」に出ているんじゃないかと思います。

子ども　この俳句の「閑」の意味は物静かで落ち着いた様子というので、「静か」では音が聞こえない場合の静かなんですけど、この「閑」っていうのは、落ち着いた様子っていうのもあるので文章にもあるように「佳景寂寞」とか、そういうことを見てき

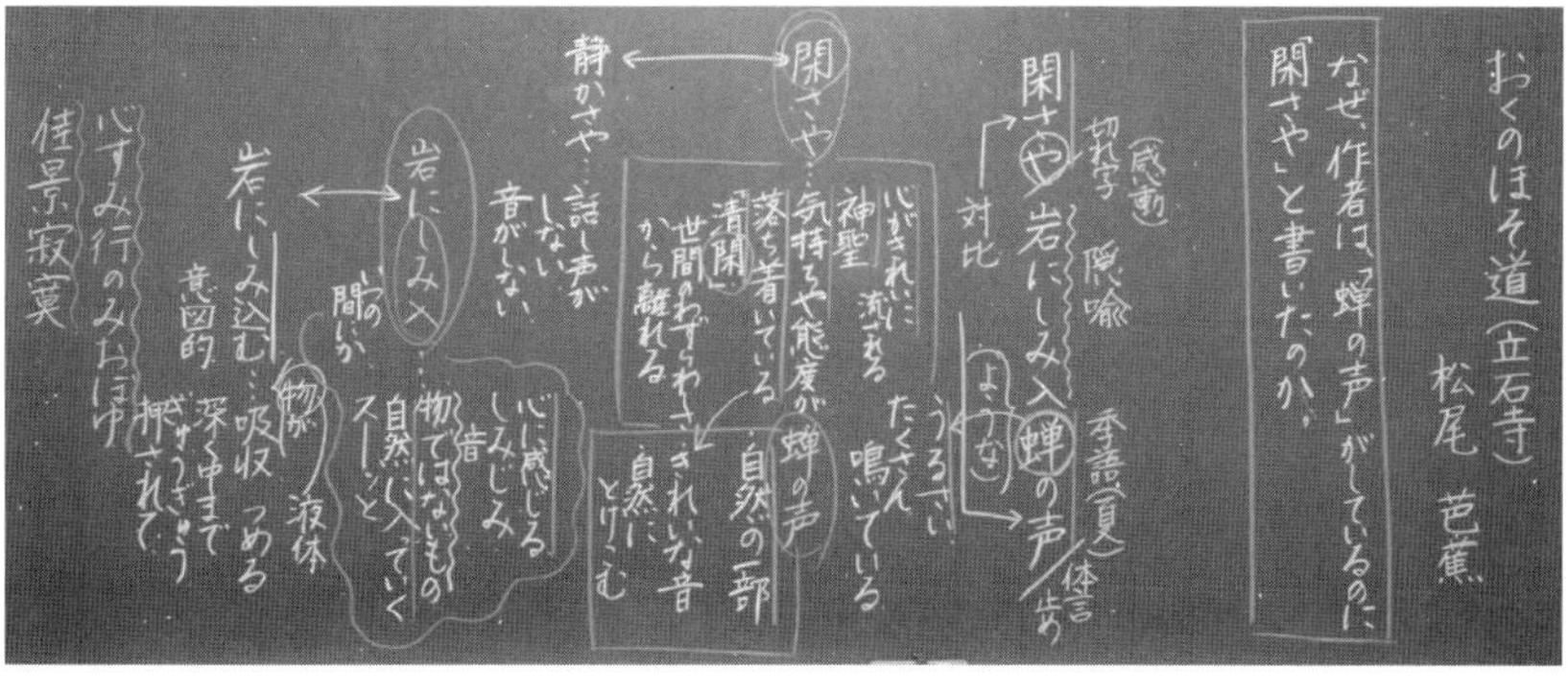

た松尾芭蕉さんが、感じている「閑」っていうのは、ただうるさく聞こえる普段の蝉も、この景色では落ち着いた様子で岩に染みわたっている感じで聞こえるんじゃないかと思います。

教師㉒ 素晴らしいねえ。はい。どうぞ。

子ども 「静閑」の意味なんですけど、「静閑」の意味は世間の煩わしさから離れるっていうので、煩わしさから自然の所に行くと、蝉の声もこういう声もきれいな音として捉えているんだと思います。

子ども 字の話なんですけど、「清閑の地」の「閑」ていうのは俳句の「閑さ」と同じ字なので、やっぱり「静閑」の意味と同じように煩わしさから離れる意味があると思います。

子ども この俳句ではすごい「閑」で岩にまで「蝉の声」が響いてくるというので、これほど「閑」だと伝えたくて、落ち着いて心が澄み切っていくことだけが感じられるというので、自然が多くて、うるさいこととか嫌なこととか忘れられて、心がきれいに流される所だってことを伝えようとしているんじゃないかなあ。

教師㉓ 心がきれいに流される。こんな感じなのか。「閑さ」って。へえ。すごいね。

子ども この「閑さや」ってときは気持ちが落ち着いていて、自分の心がきれいに流されるような、そんなすっきりした状況では、普段はうるさいように聞こえる「蝉の声」も自然の一部で、きれいに聞こえるのではないかなあと思います。

ここまでで三〇分が経過。ノートをとっていて、発言を聞けていない子どももいたので、教師は発言に集中するように注意を与える。そこで教師は、「みんな『しずか』にして」と言って、一瞬教室を静かにさせ、「静か」が音のしなくなった状態であることを全体で確認する。

教師㉔ ただ音がしなくなったのはこれ「静」。こっちの「閑」は、気持ちが落ち着いて、気持ちがしずかに、気持ちがきれいに、いろいろな意味がありそうだよってことなんだね。そうすると、「蝉の声」も気持ちが落ち着いているから、普段はうるさいなって思うけど、きれいな音に聞こえてくるなあと読めるってことなんだ。（板書の俳句全体を指しながら）なんか、一個忘れていませんか。忘れられている言葉はありませんか。

全員　「岩にしみ入る」。

教師㉕　「岩にしみ入る」って何だろう。「岩にしみ込む」とどう違うの？　グループで相談してみようか。

【グループの話し合い（三分）に入る】

［七班］

子ども　「しみ込む」は押し詰めるような。「しみ入る」だと……。

子ども　あまり変化がない。

教師㉖　ちょっと、しみ込む感じ。「しみ入る」だと、ギュッと（動作化しながら）押し込む感じだっけ。

子ども　「しみ込む」が押し込むで、「しみ入る」がスーッと。

子ども　綿とかに色が、ジワーッと。

［二班］

子ども　国語辞典で調べたのは、「しみ入る」っていうのは奥の方までは入るっていうことで、「しみ込む」がにおいや液体などが、奥の方へ入り込むで、まあ声は液体とかじゃないから、だから「しみ入る」じゃないとちょっと変だし。

教師㉗　「しみ込む」は何が？（辞書で確認を促す。）

子ども　においや液体が。

教師㉘　においや液体っていうふうに限られるんだ。

子ども　「しみじみ」のしみるだと。

教師㉙　「しみじみ」とするのどっち。

子ども　（国語辞典で調べて）「しみじみ」、あった。

子ども　心の奥から底から深く感じること。

子ども　心に深く感じる様子っていうから、ものがしみ込むとか、液体がしみ込むとかじゃない気がする。深く伝わってくる。

子ども　「しみじみ」だから、奥まで深く伝わっている。

教師㉚　奥まで深く、感じるってことなのかな。

［一班］

子ども　奥まで深く入るっていうのは、なんか、深くは入らないから。

子ども　自然に、こう、入っていくっていうか。

教師㉛　自然に入っていくの。どっちが？

子ども　「しみ入る」が。

教師㉜　じゃあ、「しみ込む」は？

子ども　「しみ込む」は、深く中まで入り込む。ギューギュー、ギューギューって入っていく感じがして。

辞書も使いながら、「しみ入る」と「しみ込む」の違いを子どもたちに考えさせている。

教師㉝　「しみ入る」、「しみ込む」。どんなふうに違うのかなあ。

【全体の学習に戻る。】

子ども　例えばその文を「しみ込む」にしてみると、岩に「もの」が入り込んでいるというイメージがあるんですけど、「岩にしみ入る」にすると雰囲気的に「もの」じゃない、「音」とかというものが入り込んでいく。「しみ込む」にしてしまうと入っていっている「音」が別の「もの」に変わっちゃうと思ったので、「しみ入る」と「しみ込む」の違いが「もの」と「ものじゃないもの」、みたいな感じだと思います。

教師㉞　「もの」と「ものじゃないもの」。なるほど。

子ども　今の意見にちょっと付け足しなんですけど。「しみ込む」っていうと「液体」とか、そういうものがしみ込んでいる感じがするんですけど、「しみ入る」だと「音」とか、ここに出ているように「声」とか、そういうものが岩に入っていくという感じなので、「固体」とかと「音」とか、そういうものの違い。

子ども　ちょっと「しみ込む」で調べてみたんですけど、「しみ込む」だと深く中まで入り込むと書かれていて、なんかギューギューと押されて入るというか、ちょっとなんか、入り方が「しみ入る」と違って、「しみ入る」だと自然に入っていく感じで、「もの」とかが入るというよりは「音」などが入っていくという感じがするので、「しみ入る」にしたんだと思います。

教師㉟　何がしみていくかっていう、その違いだけじゃなくて、そのしみ入り方、しみ込み方の違いもあるんじゃないかってことだよね。付け足しありますか。

子ども　わたしも辞典で調べてみたんですけど、「しみ入る」に、イコール「しみ込む」って書いているんですけど、私的には、「しみ入る」に比べて「しみ込む」は雑に入っていくというか、「もの」が入るというか、「しみ入る」だとスーッとなんかこう物ではなく、個体ではないみたいな、そういう感じがします。

教師㊱　この微妙な言い方、難しいよね。

子ども　「しみ込む」っていうと、物体とかが、なんか服とかについてそのまま入っちゃったという感じなんですけど、「しみ入る」という言葉を辞書で調べたら、近くに「しみじみ」という部分もあって、それを見たら、深く心に感じる様子ということだから、「しみ入る」とか「しみじみ」とかは、自然に入っていって深く心に感じられるものなんじゃないかなあと思います。

教師㊲　しみじみと心に感じる。

子ども　「しみ込む」っていうのは、意図的っていうか意思をもって入った感じがするんですけど、「しみ入る」というのは、じわじわといつの間にか入ってしまっていたみたいな。そういう感じなんじゃないかなあ。

子ども　ぼくも「しみ入る」では、やっぱりなぜか、気付かないうちに何かが入り込んでいる感じで、「しみ込む」っていうのは、何か液体みたいなものが例えばスポンジにスーッと入っていっちゃうんですけど、「しみ入る」だと、見えない何か、要するに何か分からないものがいつの間にか入り込んでいて、すごく、心で感じ取れるものなんだと思います。

教師㊳　「もの」じゃないものが自然に入っていく、心に感じるという意味があるんじゃないかなってことなんだ。（学習問題を指しながら）なぜ、作者は「蟬の声」がしているのに「閑さや」と書いたのか。今、だいぶ考えがふくらんできていませんか。友達の考えを聞いて、なるほどって思ったことを含めて、まとめをしてみましょう。

教師は子どもの意見を整理・板書し、子どもはその板書を手掛かりに、どんどん意見を出し合い、考えを深めていっている。教師は、黒板に「まとめ」と書いた札を貼り、子どもたちは、ノートにまとめを書き始める。

教師㊴　はい、まとめを発表してもらいます。

子ども　最初は、作者の気持ちが分からなかったんですけど、「しずかさ」っていう二つの漢字を比べて、どう違うかというのを考えていくうちに、「閑さ」の方が、神聖というのが出てて、奥の細道にぴったりだと思いました。（大きな拍手）

子ども　町の中などで蟬の声を聞くと、うるさいと思ってしまいますが、自然がたくさんある静かな所で聞くと心にしみ入るような音になるんだと思いました。また、「静か」ともう一つの方の「閑」と比べてみると、はじめはなぜこの漢字なんだろうと思いましたが、「閑」というのは、ただ音が聞こえないだけではなく、心の底から、心の中が落ち着いて、心が「しずか」に

なるというか、感情が込められた「しずか」なんだということが分かりました。（大きな拍手）

教師㊵ 言葉を比べて読んでみて、この俳句の素晴らしさが、いっそうみんなに伝わったのかなあと思います。さて、松尾芭蕉さんは、この俳句を考えるときに二回書き直しています。

一回目「山寺や 石にしみつく 蝉の声」

二回目「さびしさや 岩にしみ込む 蝉の声」

こっち二回目に使ってたんだよ。そして三回目。

全員 「閑さや 岩にしみ入る 蝉の声」

教師㊶ こんなふうに直したんだって。やっぱり三回目の方がよくないですか。（うなずく子どもたち。）

日直 これで五時間目の学習を終わります。

おくのほそ道 「立石寺」の章段　**名前**

山形領に立石寺《りふしやくじ》と云《いふ》山寺あり。慈覚大師《じかくだいし》の開基《かいき》にして、殊《ことに》清閑《せいかん》の地也《なり》。一見すべきよし、人々のすゝむるに依《より》て、尾花沢よりとつて返し、其間《そのかん》七里ばかり也。日いまだ暮《くれ》ず。梺《ふもと》の坊に宿かり置《おき》て、山上の堂にのぼる。岩に巖《いわお》を重《かさね》て山とし、松柏年旧《しようはくとしふり》、土石老《どせきおい》て苔滑《こけなめらか》に、岩上《がんじよう》の院々扉を閉《とぢ》て物の音きこえず。岸をめぐり、岩を這《はひ》て、仏閣《ぶつかく》を拝《はい》し、佳景寂寞《かけいじやくまく》として心すみ行《ゆく》のみおぼゆ。

閑《しづか》さや岩にしみ入蝉《いるせみ》の声

山形領に立石寺という山寺がある。慈覚大師が開いたお寺で、特に清閑（世間のわずらわしさから離れ、のどかでものしずか）な地である。一目見た方がよいと人々がすすめるので、尾花沢から予定を変更して南下したが、その間は七里ほどである。日はまだ暮れていない。梺の宿坊《しゆくぼう》に宿を借りておいて、山上の堂に登る。岩の上に巖《いわお》が重なって山となっており、松や檜《ひのき》は長い年月をかけて老木になり、土や石も老いて、苔が滑《なめ》らかに覆《おお》い、岩の上の院々は扉を閉じて、物音も聞こえない。崖《がけ》をめぐり、岩を這《は》うようにして、仏閣を拝み、素晴らしい景色はひっそりとしずまり、心が澄みきってゆくことだけが感じられる。

（平成二十五年度　附属小六年A組　訳）

2 授業へのコメント その1
――［課題］と［話題の共有化］が「学び合い」のポイント

青山由紀（筑波大学附属小学校）

1 「学び合い」の授業の条件

表現技法とその効果といった知識や、言葉に対する感覚の鋭さなど、レベルの高さに驚かされた。まるで中学生のような子どもたちである。授業者がそれまでしっかり鍛えてきたことがわかる。さて、その上で本稿は、「学び合い」という点に特化して私見を述べる。「学び合い」が成立する主要条件は、次の三つと考える。

① 学習者自身が問題と認識し、解決したいと思う課題であること。
② 解決する方法や、よりどころが明らかな課題であること。
③ 学習者同士が互いに関わるための技能や言葉、態度を身につけていること。

2 追究したくなる課題

まず、「なぜ、作者は蝉の声がしているのに『閑さや』と書いたのか」という課題がよい。「蝉の声」と「閑さ」に、子どもたちは皆矛盾を感じる。また、課題を提示するまでの流れも巧みである。指導者から唐突に課題を示したりせず、季節や技法を問いながら「閑さや」と「蝉の声」の矛盾に気づかせ、あたかも子どもたちから生じた課題のように仕組んでいる。学習者が自ら見つけた課題だからこそ、解決したいという思いを強くもつ。課題に対して主体的に向き合うことが、その後のグループでの話し合いや全体の学習を活発にする。もちろん、課題がシンプルであることも、焦点化した話し合いには必須である。

とはいえ、課題を提示するタイミングには疑問が残る。「閑さや」の切れ字を確かめた場面で課題にもっていったら、後半の課題は出さずに済んだ。本時では、

教師⑥　閑さ「や」だから、閑だなあ、ここに一番感動がこもってるってことだよね。

と指導者がまとめてしまったが、ここは中心課題をつくるのに重要なところである。「『閑だなあ』っていうことを一番伝えたかったんだね」と、子どもに言わせたい。そうすれば、「でも『蝉の声』って『閑さ』という言葉にはそぐわない」「いや、うるさいくらいじゃないの？『閑さ』とは反対だ」という意見が自然と出る。そのような発言をつないで課題をつくることは難しくない。

さらに、グループの話し合い後の、

教師㉑　…「閑」と「蝉の声」って正反対だ。こういうのを対比って言うんだけれど。…

も不要となり、その分話し合いの時間を十分にとることができる。また、対比に気づけば、「蝉の声は岩にしみ入ったから『閑さ』と表現したんじゃないの」「岩に蝉の声が『しみ込んだ』ということ？」などと、「岩にしみ入る」の解釈や「しみ入る」と「しみ込む」の違いも問題となる。（本時では［教師㉔㉕］で指導者から投げかけ、二つ目の課題として再度グループで話し合った。）

課題づくりの流れによって、課題の文言も異なる。「なぜ、作者は蝉の声がしているのに『閑さや』と感じたのか」とした方が適さないか。そもそも「なぜ」で良かったのだろうか。「蝉の声がしているのに『閑さや』と表現した作者は、どのような心持ちだったのだろうか」と問う方が、芭蕉がどこで何を見聞きし、感じたのか、児童を紀行文に立ち返らせやすい。学習者の実態がわからないため、本時に最も適した学習課題を言及することはできないが、ここで大切なのは、課題に対する考えをもたせること。そしてその根拠をどこに求めさせるのかを想定しておくことである。根拠が明確でないと話し合いの接点を見い出すことができず、「学び合い」は成立しない。学習者がそれぞれ自分の考えを発表するだけに終始してしまう。

もう一つ、本時の課題を吟味するには、単元全体の課題との関連も外せない。本単元は「『おくのほそ道』の芭蕉の思いに迫ろう」「芭蕉はどこで何を見、何を考えたのだろう」といった課題が設定されていると察する。

その中での本時「立石寺」のくだりとなる。俳句だけであれば3年生の学習である。6年生では、紀行文と照らしながら作者の思いに迫らせることがねらいとなろう。

3　話題の共有化から「深める」へ

「学び合い」のポイントとして、［話題の共有化］と［言い替え］の二点が挙げられる。

一つ目の［話題の共有化］とは、発言している子どもが何を言っているのか、全員に周知させることである。そのために「どこからそう思ったの？」と発言者に根拠を述べさせたり、「○○さんの言ったことをもう一度説明して」と全体に返し、発言者以外の子どもに説明させたりする。

例えば、「教師㉒素晴らしいねえ」の前後に、子どもたちが「佳景寂寞」や「清閑の地」といった本文の叙述を指摘している場面。ここで全体に返し、どの叙述かを確かめさせる。これが「学び合い」のスタートラインに全員を立たせることになる。話題が共有できれば、この後の「心が澄み切っていくことだけが……」という発言を受け、他の児童も「心澄み行く」という叙述に立ち止まり、「澄み行く」と「しみ込む」をつないで考えるであろう。この段階で「澄み行く」の「澄む」が「心が晴れやかで、何の雑念もないこと」という意味を辞書で確かめさせた方が、辞書にはない「しみ入る」と「しみ込む」の違いを考えさせるよりも芭蕉の思いに迫る手立てとなる。「しみ込む」の近くにあった見出し語の「しみじみ」と「しみ入る」を結びつけた子どもの解釈はすばらしいが、どれぐらいの割合の子どもたちが理解でき納得したのか、記録からは見えてこない。

二つ目の［言い替え］とは、一人の子どもの発言を他の子どもたちに別の言葉で言い替えさせることである。言い替える中で、読みや考えが深まったり広がったりする。はじめは、指導者が発言者の意見をその他の子どもたちに言い替えさせたり、発言を途中で止めて「○○さんの言いたいことが分かる人？」と結論を推察させたり、根拠を指摘させたりする。これをくり返すことで、子どもたち同士で発言をつなぐことができるようになる。発言者よりも、その発言を聞いている周りの子どもたちの思考をいかに活性化させ、話題に主体的に関わらせるかが「学び合い」のカギとなる。

3 授業へのコメント その2
――深層の読みに迫る古典の授業が今、求められている

阿部 昇（秋田大学）

1 小学校でも深層に迫る古典の授業は可能である

とにかく「古典の授業はつまらない」「古典の授業は嫌い」という子どもは多い。これまでは中学生、高校生の声であったが、小学校に古典が位置づくようになって、それが小学生にまで広がる危険が出てきている。

それを恐れてか、小学生には難し過ぎるという見方からか、小学校の古典では暗唱や作品周辺のエピソードを解説するような授業が多い。だから、教材の読みそのものは表層に止まる。しかし、それでは、古典の本当の魅力はわからない。学習指導要領にある「昔の人のものの見方や感じ方を知ること」なども出来ない。

古典も、現代の作品と同じように深層にまで迫ることで、その面白さ・深さがわかる。もちろんそこから「昔の人のものの見方や感じ方を知ること」もできる。

大庭先生の授業は、小学校でも十分に深層の読みに迫る実践が可能であることを見事に証明している。それも、子どもたちは（教師に一定のリードをされながらではあるが）かなりの程度自力で作品に分け入り、読み深めている。読む喜びを感じていることも十分に伺える。また、その過程で作品を読むための言語の力もつけている。小学校でも大庭先生のように、深層に迫る、そして言語の力をつける古典の授業をしていくべきである。

2 「技法」と「普通と違う」を切り口に読みを深める

さまざまな作品へのアプローチのさせ方があるが、大庭先生は二つの切り口から作品にアプローチさせて

いる。一つは「技法」である。教師③で季語を確認した後、教師④で「技法。何かありますか。」と問うている。それにより子どもたちは、「や」が切れ字であること、「しみ入る」が隠喩であることに気づいていく。作品の中でも技法が使われている部分は、特に着目すべき鍵である。このアプローチのさせ方は一つの典型と言える。近現代の文学作品でも応用できる。

そのうえで教師⑬で「この俳句で何か変だなあと考えられるところはないですか?」と問う。子どもたちは「本来は、『蝉』ってうるさいものなのに、なんで一番最初に『閑』って言葉を入れているのか。」と答える。それを学習問題としていく。ここも見事な展開である。「何か変」は、特に文学を読む際の重要な観点である。文学は「普通と違う内容」「普通と違う表現」を駆使して読者を立ち止まらせ、惑わせ、楽しませる。「技法」もその一つである。この俳句の肝は、うるさいはずの蝉に「しずか」と詠む違和感である。それを学習問題としている。明快で的を射た問題によって、子どもたちはそれを解決したいと強く思い始める。

まず、子どもたちは「静か」と「閑」の差違を意識する。そして「静か」は「話し声が聞こえない」などの物理的な静かさであるのに対して、「閑」は「気持ちや態度が落ち着いている」「心が澄み切っていく」「落ち着いた様子」「蝉の声もきれいな音として捉えている」「自分の心がきれいに流されるような」などの意味をもつことを発見していく。これは「しずか」という言葉のもつ共示的読み(明示的ではない読み)のレベルである。コノテーションとも言う。小学生でも的確な指導があれば、ここまで深層の読みに迫ることができる。(もちろん、これは本時だけでなく、これまでの大庭先生の指導の積み重ねもあるはずだが。)

「しみ入る」も、「しみ込む」との差違から読みを深めている。子どもたちは「すーッと」「自然に〜入っていく」「奥の方まで入る」「奥まで深く伝わっている」「深く心に感じられる」などの読みを展開していく。

3 文章と俳句の文脈性を重視した読み

前時までの授業で、大庭先生はこの俳句の直前に位置づく「山形領に立石寺と云ふ山寺あり。」から始まる文章を読ませている。だから、子どもたちはその中の「佳景寂寞」「清閑の地」などに着目し、それとの関連で「閑さや」を読み深めている。

これはおそらくは、「奥の細道」の他の部分で直前の文章と俳句を関連させていく読み方を指導していたからと思われる。そういう文脈性を重視した読み方は、現代の作品でも生きる重要なものである。

4　いくつかの改善可能性について

いくつか改善の可能性について指摘したい。

まず、「なぜ、作者は『蝉の声』がしているのに『閑さや』と書いたのか。」という学習問題についてである。悪くない学習問題だが、「書いたのか」はやはり「詠んだのか」にした方がよい。「語ったのか」でもよいが、やはり俳句だから「詠んだのか」「よんだのか」である。

次に「閑さ」の読みから、「しみ入る」の読みへの移行の部分である。大庭先生は、教師㉔で「なんか、一個忘れていませんか。」と「しみ入る」の読みを促している。ここで「しみ入る」の読みに入っていったことは良いのだが、そこまで読み深めてきた「閑さや」の読みとの関連が曖昧なままに、ただ「忘れていませんか」と問うのはもったいない。ここではたとえば「そうすると、このみんなが読んだ『閑さや』と関連がありそうな大事な部分は他にないかな？」などと問えば、既に隠喩として着目している部分でもあり、『しみ入る』が関係ありそう」と子どもたちは答えたはずである。まとめの段階の教師㊳では「しみ入る」と「閑さや」とのつながりは示唆しているが、やはり初めから関連を意識させた方がよりよかった。

もう一つ指摘するならば、授業の最後の振り返りである。この授業の最後に「今日使った読むための方法」を意識化させる振り返りの過程があればよりよかった。今日の授業では、「技法への着目」「『変だなあ』への着目」「表現の差違を意識すること」「言葉には日常的な意味と特別な意味とがあること（コノテーション）」「文脈を意識すること」などの方法を駆使している。すべてを本時で振り返る必要はない。既に学んでいることもあるだろう。しかし、せめて一つ、二つは振り返り「あなたたちは、すごい方法を使っていたんだ」と評価してもよかった。

4 授業者自身のコメント

大庭 珠枝（秋田大学教育文化学部附属小学校）

1 地の文と俳句の響き合いを大切に

この作品の魅力は、地の文と俳句の響き合いにある。俳句だけを読むのと地の文とセットで読むのとでは、読みの深まりが違ってくる。そこで、作者が伝えようとしていたことを地の文から読み取る学習を、前時に行った。その際にキーワードとなった「殊清閑の地也」「佳景寂寞として心すみ行のみおぼゆ」が本時の俳句の読みと絡み合っていることが、授業記録からも見てとれる。

2 子どもの問題意識を大切に

この句の解釈は「蟬」をどう読むかで変わってくる。たくさん鳴いているのか、それともごくわずかしか鳴いていないのか、専門家の間でも両方の解釈がある。しかし、「たくさん鳴いている」と読んだ方が「閑さや」との対比という仕掛けが生き、よりおもしろく読めると考えた。そこで、夏の山寺に行ったことのある子どもに体験談を話してもらい、「蟬はたくさん鳴いている」ことを共通解釈として押さえたうえで、疑問点を問うた（教師⑬）。そうして導き出された学習問題は、あくまでも子ども側から出てきたものである。同時に、教師が予想していたものでもある。子どもがどこにひっかかりをもって読むのかを予想する教材研究は、古典の教材においても必須であると考える。

一見すると矛盾を感じるような表現だからこそ、その謎を読み解く学習が生き生きと展開される。子どもたちを深層の読みへと誘うきっかけとなるのが、問題意識であると言えよう。

3　言葉の差異に着目して読み深める

①「閑さや」と「静かさや」の差異

学習問題についてのグループでの話合いの中で、普段使っている「静か」とは違う漢字が使われていることに、子どもたちは気づき始めた。そして、なぜ「静」ではなく「閑」という漢字なのか、どんな意味や気持ちが表現されているのかを、辞書を活用し、地の文とも関連させながら考えることができていた。「静」と「閑」の差異に着目したことにより、「閑」がクローズアップされ、子どもの言葉を通して深く意味づけされていったものと考える。

②「岩にしみ入」と「岩にしみ込む」の差異

一方、「岩にしみ入」に着目した考えは、個人でもグループでもほとんど出ていなかった。隠喩だということは最初に確認したが、普段はあまり使わない表現のため、イメージしにくかったものと思われる。

そこで、「『岩にしみ込む』とどう違うの？」と、差異を読ませるための発問（教師㉕）をした。その結果、話合いを通して、「しみ入るもの」と「しみ入り方」が「しみ込む」とは異なるという考えにたどり着いた。やはり、差異を考えたからこそ「しみ入」の意味がクローズアップされていったものと考える。

ただし、「静」と「閑」の差異のように全員の子どもにスッキリとその意味が落ちたかというとそうではないと思われる。この点については、「音読をしてみればよかったのではないか」と授業後の協議会でご意見をいただいており、大いに納得している。俳句は韻文であり、声に出すことで伝わる部分も重要だからである。「コ」でひっかかりを感じる「しみ込む」に対して、「しみ入」はやわらかい音をキープしたままスッと読める。音読を取り入れることで、一層意味理解が増したであろう。

4　最終的な統合を

「閑さや」と「岩にしみ入」をそれぞれ取り出して分析的に読んだが、最後の統合が不足してしまった。「閑さや」と「蝉の声」の関係、「岩にしみ入」と「蝉の声」の関係までは読めたが、最終的に三者を統合して読まないと俳句の全体像が見えてこない。分析後の統合を大事にする授業づくりを心がけていきたい。

1　言語活動の質を高める授業づくり

豊田ひさき（中部大学）

子どもの言語活動が活発な授業とは、一体どんな状況なのだろうか。教師の問いに対して、全員が「言いたい！」と元気よく手を挙げている姿だろうか。グループで活発に発言しあい・討論しあっている状況だろうか。

先日も筆者が主宰する授業研究会で、「スーホーの白い馬」（小学二年国語、光村）のＶＴＲを観ながら授業カンファレンスを行った。教師の問いに対して、何度も全員が挙手する光景が見られ、参加していた教師志望の学生は、全員挙手の光景の多さに驚いていた。しかし、活発そうに見えるその授業風景の中で、教師に指名されると「忘れました」と座ってしまう場面が散見された。筆者はそれが気になった。全員が手を挙げる、グループで活発に討論しあうという外見だけを見て、子どもは活発な言語活動を行っている、と判断していいのか。別言すれば、アクティブ・ラーニングの外見だけを見て、言語活動が活発と判断していいのか、という問題である。

1　赤ペンで雑談

言語活動を重視する実践ということで、筆者に思い浮かぶのは、生活綴方教師である。今回は、名著『村を育てる学力』（一九五七年）を書いた東井義雄の実践を手がかりに、この問題を考えてみたい。

東井は二〇歳で豊岡尋常高等小学校（現豊岡市）に赴任する。彼が最初にぶつかった問題は、子どもに綴方を書かそうと思っても何を書こうかと窓の外を眺めて、なかなか書いてくれないことだった。教師が「さあ、綴方を書こう」と呼びかけても、子どもは言語活動をしてくれない。二五、六歳頃までの間に、東井は、そんな子ども（＝手のかかる「どもならず」）たちを相手に、学習している時や遊んでいる時に浮かんでくる、不思議だなあ、なぜだろう、という小さな疑問、あるいは教科書にはこう書いてある、先生はこう言った、でもいつでもどこでもそうなのだろうか、自分の眼で確かめてみた、そうするとこんなことがわかり、またわからないこんな疑問が出てきた、という内容の綴方をどの子どもも書けるようにまでもっていっている。本物の言語活動ができる子どもを育てる見通しを立てられるようになったのである。東井は、一体どういう方法で、子どもをそこまで育てることができたのか、その経緯を辿ることで、言語活動の質を高める手だてを探り出してみたい。

なぜ東井は子どもに綴方を書かせようとしたのか。「一年中、一日も休まず毎日行儀よく教室で本をひろげていても、勉強したことにはならぬ。先生の言葉や本に書いてあることを、丸で暗記したところで、勉強したことにはならぬ。本当の勉強は、自分の内面からわかりたくなり、しらべたくなって、ぐんぐん体全体でわかろうとし、わかって行くのでなければならぬ。頭の先だけしか働かない様な勉強は本当の勉強ではない。[1]」と断言している。この時、彼は二三歳。頭の先だけしか働かないような勉強ではなく、自分の内面からわかりたくなり、調べたくなって、ぐんぐん体全体でわかろうとし、わかっていくような勉強が可能になるように、東井は子どもに綴方を書かせようとしたのである。

だが、眼の前の子どもは、東井の気持ちを受け取り、「よし綴方を書こう」というようには動いてくれない。その後、彼は高等科（＝今の中学生）を担任するようになるが、子どもたちは、毎日野蛮人のように喧嘩をし、怒鳴りあい、小さい子どもの大将になって走り回っている。綴方を書こうと言っても、なぜ綴方を書かねばならないのか、その必然性が彼らにはわからないのである。「日常の生活を粗末にするな」といくら東井が語りかけても、その真意が彼らの心には響かない。

東井が、その時とった手だてが面白い。綴る意欲を喪失している子どものノートに、「もっともらしい指導言」を付すことを止め、「以前よりは更に、雑談していくことを始めた」。子どもが一枚書くなら、一枚半の雑談を書きつける。このペンの雑談は効果てきめんであった。これを書きつけて欲しさに、意欲を出す子が出てくる。「私の雑談の次に、更に長い雑談を書きつける子も出てくる。」そして「おい先生」と呼びかけながら、彼らの「生き方」の問題まで語り始める子どもが出てくる。ありきたりの指導言ではなく、教師が赤ペンで雑談を書く、それに対して子どもも負けじとさらに長い雑談を書いて来る。それを東井は、今日は○○君がこんな雑談を書いてくれた。みんな聞いてほしい、と学級の問題にしていく、少なくとも教師の問題にしていく(2)

ここに、教師と子どもの雑談を介したコミュニケーションが成立して来る一つの秘密がある。「正答」にこだわる教師にはできない、優等生中心の学校にはできない雑談、それを受けた子どもの雑談、どんな雑談でもこの先生は受け止めてくれる、という教師に対する信頼関係がここにはできている。またそれらの雑談を学級で交流しあい、認めあい、磨きあう、という東井特有の学習集団づくりの原型も見てとれる。

教師をも疑う、教科書も吟味する。そして、自分の眼や手足や心臓まで総動員して体全体で「なるほど」と納得できる証拠を探し出そうとする主体的な思考態度を子どもに育てようとしていた東井の教育観が窺える。彼は、このような思考態度を授業の中に持ち込み、「ひとり調べ—みんなでの分けあい・磨きあい—ひとり学習」という形で学習サイクルを回していく集団思考=学習集団の授業を組織する。このような集団思考の授業の中で、はじめて子どもの言語活動は磨きあわれ、質の向上も実現できる、と考えていたにちがいない。

2　問うのは子ども

「教師が問いを投げかける。子どもがそれに応えていく、ということの繰り返しに終始する授業を見かけることが多い。が、『学問』の『問』は、教える側に属するものだろうか。教師が子どもに『問い』を投げかける場合でも、教師としては、いつかは、子ども自身が『問い』をもってくれるように……というねがいをこめて問うべきではないか。『ほんものの学力』は、子どもが問い続けることによって身についていくものだからである。」(3)

この「ほんものの学力」を「ほんものの言語活動」に置き換えれば、子どもにつけなければならない真正の言語活動とは何かが見えてくるのではないか。

筆者は、東井のこの発問観に賛同する。発問の歴史をさかのぼってみると、子どもの言語活動を高め、子どもが自分の頭で考え、自分の意見を持ち、そして自分の意見を他人に説得していくことができる力を育むためには、教師は如何に発問していけばよいかという問題は、民衆学校の教師養成に携わる者の重要な課題であった。発問を本格的に追究したディンターは、良い発問をするための法則を説いている。その中の二つを紹介しておこう。

Aわからないことがある場合、子どもが自分から問うようになったら、教師に自分から異議を申し立てるまでになったら、あるいは、教師から問いただされる前に、当の事物について自分の意見を述べられるようになったら、その教師は多くのことを達成したといえる。

B問答に名誉があるのは、子どもが教師に教えられたとおりにしゃべっている時ではない。この時彼らはほとんど考えていない。彼らが日常語で実際的な対象についてわかりやすい意見を述べている時である。

ディンターは教師養成所の生徒向けの教科書『問答法の最良規則』（一八〇三年）[4] でこう述べている。言語活動にからめて少しコメントを付けておこう。Aは、発問の目的を明確に示したものであり、東井が発問で言いたかったことに通じる。つまり、子どもに疑問と常住する思考習慣を形成することである。Bは、教師の言ったとおり、教科書に書いてあるとおり暗記していく指導から完全に脱却している。これも、東井が教科書も、教師も疑えと言ったこと、さらには自分の日常的な身の回りの中から、「不思議だなあ」「なぜだろう」という疑問を探し出し、その疑問を解決しようとさらに観察を深め、こうかもしれないぞと試して、私はこう考えたが、この考え方でよいか、もっとよいわかり方はないか、と仲間とわかる過程を分けあおうとする行為に通じる。

東井に戻ろう。二四歳の彼は、「綴方の要る教室は話のある教室……話を聞き合う教室、聞くことにより、喜びを共に喜び、悲しみを共に悲しむ教室でなければならぬ。」「わかったことがらをわからせるだけではなく、わかり方（わかる過程）も語れ」と子どもに呼びかけている。[5] 子どもが自分の言語活動を打ち明け、それをみんなで分けあい・磨きあう学習集団の授業をつくりだそうとしていたのである。その際、わかった結果（＝答え）だけでなく、そこに至る過程（＝わかる過程）まで語れと、呼びかける。東井は一人ひとりの言語活動を可視化し、それを教師も含めてみんなで分けあい・磨きあうような授業を展開しようとしていたのである。

次に、［ひとり調べ―みんなで分けあい・磨きあう―ひとり学習］という彼の授業を「稲むらの火」（五年）で検討してみよう。これは、丘の上に住む庄屋五兵衛が、秋の夕刻大地震にあい家を飛び出し海を見、津波の前兆を発見する。だが村人は、地震に気付かず祭りの準備をしている。村人が津波に襲われる前に、丘の上まで避難させねばならぬ。寺の早鐘を打つだけでは間に合わないと判断した五兵衛は、とり入れ前の自家の稲むら全てを燃やす。庄屋さんの家が火事だ、消火に行こうと村人が丘へかけあがって、村人全員が助かったという物語である。

ひとり調べをやらせて、東井がノートを見ると、Sという勉強があまり芳しくない子どもが妙なつまずきをしている。稲むらの全てに火をつけ終わってたいまつを捨てた五兵衛がじっと沖を見つめる場面を、Sは「五兵衛さんは、豊年でたくさんとれた稲をみんな燃やしてしまって、おしいことをしたと思いながら、じっと沖を見つめているのだろう。」と書いている。東井は、次の磨きあいの時間わざとSにそれを発表させる。その続きの場面を引用しておこう。(6)

ほかの子どもは「おかしいぞ」と、つぶやきはじめた。ほかの子どもたちは、そんなケチな五兵衛さんではない、犠牲的精神にあふれた人だと読みとっているのだ。だが、Sくんのような読み方が成り立つなんて、考えてもいなかっただけに、それを否定できる証拠まではつかんでいなかったわけだ。そこで、私は、わざとS君の味方に立ってやった。／「だって、豊年でたくさんとれた稲を、みんな燃やしてしまったんだから、惜しいことをしたと思っているかもしれないじゃないか」／「先生、でも、どうも、五兵衛さんは、そんなケチな庄屋さんじゃないと思うんです」／「みんなはそう思うかもしれんが、こっちは、こうだろうと思うわけなんだ。こう思ったっていいじゃないか」／「先生、それでも、そんな五兵衛さんとはちがう気がするんです」／こちらが、こういってねばるものだから、子どもたちは、私とSくんをやっつけるために文を読み返しはじめた。みんな、真剣勝負のような目つきで、文を読んでいる。やがて、／「あった！」／ひとりの子どもがさけんだ。／「何があったんだ」／「先生、五兵衛さんは、稲むらに火をつけるまでにつぶやいています。『もったいないが、これで村じゅうの人が救えるのだ。』と、つぶやいています。ここを読んだら、五兵衛さんも、一度は『惜しい』と思ったことがわかります。でも、けっきょく、村の人のいのちが大じだということに心がおちつきました。それが『のだ』という、強い言い切り方でわかります。Sくんは、この『のだ』を読んでいないから、あんな妙な考えをもったんだとおもいます」／「うーん。なるほどそうだなあ。『のだ』は、そういうはたらきをしていたんだな。『のだ』に、そんな大じな意味がこめられているとは、去年の五年生も、おととしの五年生も気がつかなかったぞ、ほんとうのことをいうと、先生も、そこまでは気がついていなかったんだ。まいったなあ」……「あった！」「何があったんだい」／「先生、五兵衛さんは、そうつぶやくと『いきなり』稲むらの一つに火を移しています。『いきなり』というのは、もう思いが決まってしまったから『いきなり』です」／「なるほど、そうだなあ」　……（後略）

このような形で、子どもたちは次々とSと教師の読み誤りの証拠を文章から探し出していく。その後、東井は、「そんなにたくさん証拠があるとすると、こちらが、勝手気ままに読んではいけない、ということになるね。それにしても、きょうの勉強は、近ごろにないはっきりしたいい勉強ができたと思うんだが、こういういい勉強ができたわけを考えてみると、Sくんが、ああいう読みまちがいをやってくれたおかげだなあ。きょうの文化勲章はSくんだなあ」と言って、Sをねぎらっている。東井の面目躍如といったところである。Sの読みまちがいに教師が味方しながら、子どもたちをゆさぶっていくこの手法は、ただ単に「文章から五兵衛さんがケチでない証拠を探そう」という発問より、インパクトが強いことがわかろう。こうして東井は、子どもたちに教師をやっつける具体的な証拠を文章の中から探し出す言語活動の渦を学習集団で展開している。

教師をやっつける証拠を文章の中から探せ、と教師が子どもの前に横たわってゆさぶりをかけ、子どもを証拠探しに熱中させる術が、言語活動を活発化させる東井特有の手だてである。子どもは、ひとりで調べたことをノートに書く→それを授業の前に教師が見る→読みのつまずきを発見する→よしこれを使って子どもの前に横たわってやろうと授業構想をたてる→子どもに「文章から証拠を見つけよ」と迫ることで言語活動を活発化させる。

このように授業構想をたて、子どもが探し出した証拠に丁寧にうなずいてやり、ますます子どもの「やる気」を引き出すところに、そして周辺部の子どもにも必ず目配りしているところに東井特有の指導ポイントがある。ひとり調べのノートは、重要である。それと、子どもが発言する前に、先ず自分の考え、意見をノートに書くことは、冒頭で触れたような指名されたとたんに「忘れました」と座ってしまうことを防ぐことにもなる。つまり、思いつき発言で一見活発に見える発言のしあいや話しあい（＝皮相なアクティブラーニング）に陥ることを予防することにもなる。

3　ねうちづけ・指さす

東井の授業の特色は、先の授業例からもわかるように、子どもたちの活発な言語活動である。ところで、どうしたらあのような活発な言語活動を呼び起こすことができるのか。それは、東井が得意とする子どもの発言や行動を「ねうちづけ」て「指さす」という教授行為にあるのではないだろうか。最後にこの点を検討しておこう。

東井は「ほめ方がうまい」と言われたことに対して、「別に子どもをおだてあげるというような『手』を考えているわけではない。ねうちがあるからねうちがあるといってやるのだ」と反論して、次の「稲むらの火」の授業例を出している。（　）が彼のねうちづけと指さし。[7]

【日はもうしずみ、あたりはうす暗くなっていた。いなむらの火は天をこがした。山寺では、この火をみて、はやがねをつきだした。】の場面。

A児―四百人のいのちをすくうために「むちゅう」になっていたから、くらくなったのも、今までわからなかったのだ。それが「いた」ということばづかいでわかる。しらんまに暗くなって「いた」のだ。…

……（君は、ちょっとしたことばづかいにも注意して読んでいるんだね。ほんとに、君のいうとおりだね。こういうように、ことばづかいや、ことばのはたらき方に、これからも注意してくれね）

B児―天がまっかにやけているのだ。とり入れるばかりになっていたいなたばが、全部、今、もえあがっているのだ。あたりがうす暗いから、よけいにそれが赤々と天までこがすのだ。（君はその時のようすを思いうかべる読み方をやっているね。しかも、勝手に想像しているのではなく、文の前後をひびきあわせたり、ことばづかいにもとづいてようすをおもいうかべているところがえらいよ）

C児―「山寺では」―たくさんのようすがあるが、読む人の心を、その中の「山寺」にむけさせるかきぶりがしてある。（君にそう言われてみると、全くそうだなあ。ここで、みんなの目の方向を変えているね）

D児―「この火で」――一年間の苦労をぎせいにしてもえあがっている火。五へいさんの心の火。天をこがしている火。しかし村の人たちは、まだ「この火」の中に五へいさんの心を見出してはいないだろう。（君は、一つのことばをじっとかみしめて、その中にこもっているいろいろな味を味わっているね。たった一つのことばも、そのことばは、そのことばの前や後のいろいろなことばとつながり、ひびきあっているんだね）……（後略）

これが、子どもの言語活動を活発化し、その質を高めていくための「ねうちづけ」と「指さし」の中身である。この種の丁寧な指導の積み重ねこそ必要なのである。

注

（1）東井義雄「『生活の綴り』と他教科」『綴方学校』第二巻第二号、一九三八年、二七頁。
（2）東井義雄「『綴り』と『綴り方』と日記」『教育・国語教育』第八巻第七号、一九三八年、九三―九六頁。
（3）東井義雄「学力をどうとらえればよいか」砂澤喜代次編『教育学入門』福村出版、一九八〇年、六六頁。
（4）拙著『小学校教育の誕生』近代文芸社、一九九九年、九六頁参照。
（5）東井義雄「教室組織と綴る組織」『工程』第二巻第四号、一九三六年、四一頁。
（6）『東井義雄著作集4』明治図書、一九七二年、一三八頁。
（7）『東井義雄著作集5』明治図書、一四八―一四九頁。

2　言語活動の指導は国語科教育の中核

大槻　和夫（広島大学名誉教授）

1　目的・目標としての「言語活動」と、手段・方法としての「言語活動」

「言語活動の充実」が重視されるようになって、学校現場にはいくらか混乱がみられるようである。その一つは、「目的・目標としての言語活動」と「手段・方法としての言語活動」の混同である。

国語科における「言語活動」は、一言で言えば、「目的・目標」である。言語活動のさまざまな方法を学び、身につけ、言語活動の能力をのばすことは、国語科の主要な目的である。

これに対して、国語科以外の諸教科における「言語活動」は、学習の「手段・方法」である。

両者は、もちろん厳密に区分できるものではない。国語科においても、手段・方法としての「言語活動」はあるし、他教科などにおける「言語活動」によっても言語活動そのものの学習は行われ、言語活動の能力はのびていく。しかし、他教科の場合、それは主目的ではない。諸教科にはそれぞれに独自の目的・目標があり、「言語活動」はその目的・目標を達成するための手段・方法である。

学習指導要領の改訂で「すべての教育活動において言語活動の充実を」とうたわれたことから、すべての教科などにおいて、一時間の授業の中のどこかに言語活動をいれなければならないといった指導が上から行われ、学校現場はかなり苦労しているといった状況があちこちに見られた。私なども、「体育の授業のなかに言語活動をどのように取り入れたらよいか」といったテーマの校内研究会によばれたことが何度かある。

しかし、これは問題の立て方が間違っている。体育の授業には体育の授業としての目標がある。その目標の達成にある種の言語活動を取り入れることが有効であればその言語活動を取り入れればよいのであって、そうでなければ言語活動を無理に取り入れる必要はない。

例えば、立ち幅跳びの学習において、「全員が、第一回めの自己記録を五センチ以上伸ばそう」という目標を立てて練習をするとする。その場合、四名程度で班をつくり、どの班が優勝するかという班競争を仕組めば、学習者は跳び方を互いに観察し合い、助言し合う学習が自ずと出来てくる。この場合、体育としての目標の達成を目指しながら、その目標達成に有益な「助言し合う」という言語活動が、必要に応じて自然に授業過程に入ってくることになる。

また、チームプレーが主となるスポーツの学習の場合も、チームメイトと言葉でコミュニケーションを取り合うことが重要である。日本サッカー連盟の指導者にお話を聞く機会があったが、そのお話によれば、かつて日本のチームが諸外国に勝てなかったのはチーム内で言葉でコミュニケーションを取る習慣が身についていないからだと考え、コミュニケーションを取ることに力を入れて指導したとのことであった。これなども、チームが強くなるための学習である。

これに対して、例えば「文章に書かれていることを基にして発言する」という国語科の授業の場合はどうであろうか。ずっと以前のことであるが、大村はま先生にお出でいただいて授業をしていただくとともに、その授業を基にお話をしていただいたことがあった。大村先生は、生徒の実態を知るために、前日事前授業をなさった。その結果、準備してこられた授業案をすべて破棄し、当日は思いがけない授業をなさった。「外国語を翻訳した小説を読んでも、ほんとうに読んだことにはならないのではないでしょうか?」という大村先生の問いかけに対して、「それもそうですけど、ヘルマンヘッセは……と言っています。」と応じる学習であった。席順に、大村先生と生徒が同じ問答を繰り返したのである。大村先生の問いかけは、少しずつ変化していて、どの場合もほんとうに尋ねられているように響いた。

授業の後、先生からは厳しい言葉をいただいた。「この学級は耕されていません。耕されていない畑に種を蒔いても育たないでしょう。だから、私は畑を耕す仕事の一部をやりました。」私どもは頭を上げることができなかった。私も、この学校には非常勤講師として出講していたから。

この一例からも想像できるように、国語の授業で言語活動を生かすといっても、生かすべき言語活動の能力そのものを育てていなければ、生かそうにも生かしようがないわけである。「物語や小説を読む力を育てるために言語活動を充実させる」のか、「言語活動の能力を育てる手段・方法として物語や小説を読む」のか。おそらく両者を統一した授業でなければならないという答えが返ってくるのかもしれないが、授業の主要なねらいとしては、どちらかにしぼっておく必要があるのではないか。

以下、言語活動の能力を育てることを主要な狙いとした指導について、「話す・聞く」学習の場合を中心に、若干の私見を述べてみたい。

2　言語活動の学習(1)

一口に「言語活動」といっても、その様相はさまざまである。大きくは「話す・聞く」「読む」「書く」に分けることができるが、そのうちの「話す・聞く」をとってみても、対話・問答、小集団での話し合い・討論、学級全体での発表・討論など、さまざまな「話す・聞く」活動がある。これらの「話す・聞く」能力が育っていなければ、「話す・聞く」活動を生かした学習は成立しない。先の「畑を耕す」仕事が必要なのである。

「話す・聞く」一つをとってみても、学習者の実態はさまざまである。「人の話を聞こうとしない」「聞いてもほとんど反応しない」といった実態だってないわけではない。小学校高学年ごろから、恥ずかしがって発言したがらない学習者も増えてくる。そういう実態の場合は、まず「声を出せるようにする」ことから指導を始める必要があるだろう。その際、「もっと大きな声で！」などという指示・命令では指導にならない。羞恥心や恐怖感といった心理的抵抗を打ち破って、思わず声が出ていたといった状況に学習者を追い込まなければならない。この場合、だれでも答えられる発問に学習者全員が声をそろえて一斉に答える「一斉問答」から始めるのもよい。この場合、学級の全員が一斉に声をそろえて答えるのだから、発声することへの心理的抵抗はほとんどない。それでも声を出していないものがいれば、「もう一回！」と言って同じ問いを繰り返す。そのうち学習者のなかには「なんでこんな馬鹿げたことを繰り返させるのだ」といった怒りも生まれてくる。そこで教師はさらに挑発をかける。「こんなことを君たちが知らないと思って訊いているのじゃない。声を出さないものがいるから繰り返しているんだ！もう一回！」……ここまでくると学習者たちも腹を立てて思わず「夏目漱石！」とわめき出す。これで心理的な壁は多少破れてくる。

そこで次のステップに進む。次のステップの発問は、答えが割れる発問である。「ここに『顔を真っ赤にして』と書いてあるが、これは怒っているのか、それとも恥ずかしがっているのか、あるいはもっと別の気持ちなのだろうか」と訊く。この発問に対しては全員が同じ言葉で答えることはできない。一斉に答えるものの、答えはまちまちである。「みんなが一度に言ったらよく聞き取れないね。一人ずつ答えてもらおう」と言って何人かを指名する。

さらに次のステップに進む。一つの問いに対して複数の者を指名し、「斉藤君と山本さんはそれぞれ自分の意見を、鈴木君は二人の意見の共通点と相違点を、佐藤さんはこれまでの意見と違う自分の意見を述べてください」というように、絡み合いの発言を求めていく。

このようにして、各自が自分の意見を他者の意見と絡ませながら発言できるようになってくると、小集団（班）での話し合い活動もできるようになる。そうなれば、班で出された意見を全体学習の場に出して、全体で自由に討論する学習も可能になってくる。

班学習や全体学習の場での話し合いの進め方については、実際の話し合いをシナリオにして、それを何度か読み合うことで話し合いの進め方を体感させるとよかろう。「型」を示して、その「型」にしたがって話し合いを進めさせるという方法もよく用いられるが、「型」にとらわれて自然な話し合いにならないこともあるので注意したい。

3 「話し合い」という言語活動成立の条件

「話し合い」の練習を重ねたら、話し合いができるかというと、そう簡単にはいかない。話し合いが成立するためには、次のような、いくつかの条件がみたされなければならないであろう。

(1) 話し合いに参加するメンバー全員が、話し合うことの良さを体験していること

いくら話し合っても得るものがなければ、「話し合っても無駄だ」という感情が残り、その感情が話し合いの成立を阻んでしまう。ひとりでは得られなかったことが話し合うことによって得られたという経験の積み重ねが話し合い学習を成立させる土台となる。

(2) 話し合いに参加するメンバーの誰もが、話す内容を持っていること。

誰もが共通に持っている内容ではなく、ほかのメンバーが持っていないような内容を持っていることが重要である。ほかのメンバーが持っていないような内容を持っているからこそ、自信を持って発言することができ、話し合いを実りあるものにすることに寄与できるのである。

(3) 誰もが、一定以上の話し合う技術や能力を備えていること。

国語科の授業では、学習者の実態をみながら、今、どのような技術を身につけさせ、話し合う能力を高めていくべきかを鋭く見抜き、即決の場で指導していく必要がある。

(4) 話し合いの参加メンバーが、相互の「優劣」を忘れた状態にいること。

学習者は、お互いに、誰が成績がよくて、誰が成績がよくないかをよく知っている。だから、班で話し合わせても、「成績のよい子」がよく発言し、「成績の劣る子」は沈黙を守りがちになる。班の意見をまとめるように要求すると、いわゆる「成績のよい子」の意見が班の意見とされてしまいがちになる。これでは話し合い学習とは言えない。話し合いの場面では、誰が優秀で、誰が劣っているなどということが思い浮かばないようにしたい。大村はま先生は、「優劣の彼方に」とおっしゃったが、誰もがかけがいのないメンバーとして参加し、誰もが話し合いを実り多いものにするために寄与できてこそ、話し合ってよかったと実感できるであろう。そのためには、学習者を、まさに「優劣の彼方に」連れて行かなくては

ならない。

4　言語諸活動の関連的指導

「話す・聞く」「読む」「書く」という言語活動は、実際の言語生活では関連し合っている。「話す」材料を求めて文章を「読む」、「読む」過程や読後に考えたことを文章に「書いたり」、人に「話したり」するといった具合に、種々の言語活動は関連しあっている。国語科における言語活動の指導も、「実の場」もしくはそれに近い形で計画し、実施しようとすれば、種々の言語活動も関連し合って来ざるをえない。

例えば、「故事・ことわざを調べて、発表し合う」という授業を展開する場合を想定してみよう。まず教師のほうから折りにふれて、いろいろな場で「誤解されている故事・ことわざ」の話をしたり、故事・ことわざの起源に関する興味深い話をしたりして、学習者が故事・ことわざに興味をもって調べたくなるような雰囲気をつくることから出発し（導入）、学習者が進んで「興味深い故事・ことわざにはどんなものがあるか調べる」、「おもしろいと思った故事・ことわざについて、その意味や使われ方を調べる」という活動へと導き、さらに「故事・ことわざ辞典」を検索したり、新聞・雑誌・書物などから故事・ことわざに関する記事を抜き出したり、身の周りの人々に故事・ことわざに関するインタビューをしたりする学習へと展開させる。次には学習の成果の発表へと移るわけであるが、発表の準備として、集めた資料を再吟味し、何を発表したいかを考えて発表資料を準備したり、聞き手のことを想像しながら発表の仕方を練ったり、場合によっては発表原稿を書いたりする。さらに発表の練習も必要になろう。おしまいに発表し合い、質疑をかわして授業を終える。

こうした学習活動の展開を想像してみると、そこにはいくつかの言語活動が組み込まれてくることに気づかされる。さまざまな言語活動の総合的展開になっているわけである。

しかし、実際の授業では、あえて狙いを絞ったほうがよい。言語活動が多様だからといってあれもこれも指導しようとすると、狙いがぼやけてしまい、指導が徹底しないからである。では、どんな狙いに絞るか。それは学級の実態や年間指導計画によって異なってくる。もし資料探索・文献検索を経験させてその方法を体得させたいのであれば、そこに重点をおいて指導すればよいし、発表の仕方を学ばせたいのであれば、そこに重点をおいて指導すればよい。

もう一例挙げて考えてみよう。詩・短歌・俳句の指導など、いまやあまり問題にされていないのかもしれないが、言語生活指導という観点からみれば、欠くことのできない座を占めるものではないかと思う。詩や短歌・俳句を詠んだり読んだりして、生活の支えにしている方は結構多いらしい。新聞などの投稿欄にもいい作品が数多く掲載されているのも、これらの短詩系文学の愛好者が少なくないことの証左ではなかろうか。

何年か前に、車椅子の生活を病院か老後施設かで送っておられた鶴見和子さんのことがテレビで放映されたことがある。私自身はまったく偶然、それを拝見したわけであるが、鶴見和子さんが「短歌に支えられて生きています。」と言われた。その言葉に、私はいたく感動した。短歌を詠むということが、今は老い衰えたかの高名な学者の命を支えているという事実に、短歌の言いしれぬ大きな力を教えられ、感動したのである。紀貫之は古今和歌集の仮名序で、和歌には天地をも動かす力があると宣言した。しかし私は、古今和歌集の歌からそんな大きな力を感じたことはなかった。それどころか、いささか否定的でさえあった。ところが、鶴見さんの言葉を聞いた時には、歌には人の命を支える力があるのだということを実証されたと思った。そうであるならば、詩や短歌・俳句といった短詩型文学に若者が触れ、親しみを感じるような言語生活に導いていってもよいのではないかと思った次第である。

詩や短歌・俳句の指導では、一編一編の作品が短いということもあって、一つ一つの言葉を掘り下げ、深く読み取る授業が多かったかと思う。しかし、そういう方法だけではなく、たくさんの作品にふれてお気に入りの作品に巡り会うような多読型の授業も大事なのではないか。そういう多読型の学習では、わからない作品は読み飛ばし、気に入った作品だけを集めて「私の好きな詩三十編」といった「世界で一つしかない詩のアンソロジー」を編んだり、カレンダーに「その月にふさわしいと思う俳句を選んで貼り付け、「私の俳句カレンダー」を作ったりする学習をするのもいいのではないか。こういう学習なら、これ以外にもいろいろなバージョンを思いつくことができ、学習者の好みに応じた「詩や短歌・俳句のある生活」が生み出せるかもしれない。国語の授業で言語活動を生かす学習の一例として提示してみた次第である。

ちなみに、国語の授業で言語活動力を伸ばすというと、思考力、論理力の面が強調されがちであるが、言葉で相手を動かすのは論理だけではない。論理だけでは人は動かない。相手の心に届き、相手を動かすのは情感の力によるところが大きいのではないか。国語科では、どのような表現（言葉）が相手の心に訴えかけ、ある場合は反感・反発を呼び起こし、またある場合は共感を呼び起こすかをメタ認知する学習がもっと必要かもしれない。

5　国語科以外の学習（他教科、総合的な学習、部活動など）との連携

国語で学んだ「討論」の学習を社会科の学習で活用するとか、国語の学習で学んだ「論理的な説明の仕方」を理科の学習で活用するとか、といった教科間関連を図る学習を開発していく必要がある。教科の枠にとらわれない学習も、今後さらに開発していく必要があるだろう。

新聞の投書欄には中学生の投書もかなり掲載されるようになった。日常の生活では、中学生批判もしばしば聞こえてくる。しかし、中学生には中学生の言い分もあるであろう。新聞の投書欄に掲載されている中学生批判を集めて、中学生の言い分も聞いてほしいと思うような投書を選び、それに対して自分たちの言い分も聞いてほしいという文章を書き、新聞に投書してみるという学習をするとすれば、それはほんとうに訴えたいことを「実の場」で表明する学習になる。その学習は国語の時間を使ってもよいし、学級活動の時間で学習してもよい。

おわりに

論文とは言えない雑文になってしまったことを編集委員者並びに読者のみなさまにお詫び申し上げる。

注

（1）拙稿「人と人とをつなぐ学習―話し合い学習を中心に」日本国語教育学会『月刊国語教育研究』四九八号、二〇一三年一〇月所収に同趣旨のことを述べているのでご参照ください。

3　学習における集団的創造と対話

折出　健二（人間環境大学）

1　アクティビティについて

（1）アクティブ・ラーニングが成立するためには

アクティブ・ラーニングは本書の特集にも上がるほどに、いま教育現場で関心を集めている。もともとは、大学のグローバル化にせまる大学改革の方針として、中央教育審議会の大学分科会が「アクティブ・ラーニング」の必要性を説き、これを受けて文部科学省が、アメリカの大学をモデルとして、主として国立大学において学生の活動を積極的に取り入れる授業を工夫せよ、と「要請」したことにある。

さらに、その「授業改革」が、次の学習指導要領改訂では小学校から高等学校に至るまで、今流行の「スタンダード」あるいは「新しい学び」として導入される可能性があるという。

アクティブ・ラーニングを成立させる諸要素のうち最も中心となるのは、子どもたちの活動、すなわちアクティビティの構成である。これは、子ども一人一人の生き方や知的好奇心などの発達の状況、学級集団の質的な発展段階、かれらを取り巻く生活環境や地域特性などが総合されて生まれる、一コマ一コマが創造的な場面である。このことを基本に据えておく必要がある。

（2）いじめ問題の学習におけるアクティビティ

私には、「いじめ問題の解決学習」または「対立葛藤解決」（Conflict Resolution）というテーマでアクティビティの実践をリサーチする共同研究に参加した経験がある。

それは、故河内徳子氏を研究代表とする国際的研究で、報告書にもまとめてある。[1] 一二名の科研メンバーでカナダに繰り返し調査に出向いて、トロント大学・ヨーク大学等の研究者たちと共に現地の公立校に調査に入り、そこでの「いじめ問題の解決のためのアクティビティ」実践を参観し、授業者と共に意見交換をし、われわれなりに考察を重ねた。

さらに国内では、同研究会のメンバーであった浅野誠氏を中心に、日本の学校で試行するための（いじめ問題に焦点化した）アクティビティ教材集を作成し、国内の五つの協力校でそれを使ったワークショップの授業を実践し、その観察・分析を重ねていじめ問題の解決につなげるための指導方法試案を追究した。この共同調査研究の検証を経て、そのアクティビティ集とワークショップ試案を成果報告書の一部として冊子にまとめた。[2]

本特集が取り扱う、教科学習としてのアクティブ・ラーニングそのものではないが、アクティビティへの参加を通して、他者との関わりを体験しながらいじめ問題を学習する、しかも主体的な思考をもってその課題に臨むという点では、今日のアクティブ・ラーニングの原点的なものがそこにはあると考える。

(3) 言語活動の要件

そこで、本稿の主題からそれない範囲でいくつかの示唆を引き出しておきたい。一つには、アクティブ・ラーニングでも子ども同士の関係性と言語活動の密接な関わりあいをおさえる必要がある。

二つめに、アクティビティにも、学習目的に応じて多様なタイプがある。研究会の整理によると、以下の通りである。[3]

①授業における研究調査課題的なもの
②ゲーム（集団遊び）的なもの
③自己発見・他者発見的なもの
④他者との関係を発展させたり、対立葛藤解決をはかるものないしはそれらを促進するためのトレーニング的なもの
⑤ピア・カウンセリング（ピア・ミーディエイター、ピースメーカーなど）
⑥共同創造型、政策立案型

これらに関連させていま改めて述べるならば、わが

国における小中学校での「集団づくり」、とりわけその中での「民主的交わり」の指導は、上記の④を中心とする日本の教師なりのアクティビティの試行であったともいえる。今のように「アクティブ・ラーニング」と表だって掲げなくても、子どもらと共に創った自前のアクティビティを通して子どもたちが自主的に問題の解決に参加し、他者の権利、他者との関係の築き方などを学習しているからである。そこでの言語活動は、相手を負かしたりねじ伏せたりするものではなく、相手の発言を受け止め、これに応え、一緒になって学習の目的にせまるという〝相手に伴走し伴走される〟コミュニケーションだと言える。

2　子どもの思考を「アクティブ」にすること

以上の研究履歴から得たことを含め、本稿の主題について述べていく。何よりも大事なことは、学習場面での言語活動は、対象（習得内容）に取り組む過程で相手との関係性のあり方に影響されることである。アクティブ・ラーニングの技術として、例えばペアあるいは四、五人の話し合い場面をつくることがいわれるが、当事者の子ども同士が日頃の学級活動でどのような人間関係をつくり、それをどう意識しているかがとても大事である。

例えば、いじめ問題の学習のアクティビティでは、「二頭のロバ」という題材がある。六コマの絵からなっており、①互いにつながっている二頭のロバがそれぞれ目の前の餌を食べようとして②引き合い、③どちらも食べられない。④そこでへたりこんで、「？」と考え、⑤二頭が一緒になって一カ所の餌を食べ、⑥次に反対側の餌を食べる。

これを少人数グループごとに配布して、各グループで自由にストーリーをつくり発表し合うという活動だ。小学校低学年から高校まで自由に活用できるアクティビティである。授業の一単位時間に十分に収まる。

しかし、その話し合いのなかで、学級集団の関係性が映し出され、日頃から弱い立場の者がのけ者にされたり、あるいはまったく感情のこもらない、ただコマをなぞるだけの話し合いになったりする。そのアクティビティ自体が、そのような日常の他者との関係を振り返って学び直すことを目的にしている。

だから、ただ「立て板に水」で発表すればよいのではなく、似たような経験が自分たちにはなかったか、そのときはどのように解決したか、いまはその解決をどう感じているか、について自分たちの意見をまとめることが重要である。そうすることで、子どもたちは他者に伝え、他者から聴き取る言語を学ぶ（体得する）のである。

以上のことは、教師の指導性にとって基本の基である。このアクティビティの主題は何か、その話し合いでこの学級ではどのような関係性が浮き彫りになりそうか、それを事後の指導にどうつなげていくか、という指導見通しが教師の側にどうしても必要である。

アクティブ・ラーニングでは、このような関係性と学びがクロスする立体的過程を教材目的の達成に向けて機能させるのであるから、話し合いの形態、例えば少人数グループをどう動かすかに気を取られては、ほんらいのアクティブ・ラーニングにはならない。また、子どもの発言や発表においても、一人一人が仲間（他者）の思考によってどう刺激を受けて、何を伝えたくて、どのような言葉を選んで話しているかに着目しながら、教師が、発言者にタイミング良く肯定的な評価の言葉を入れていくようにした方がよい。

アクティブ・ラーニングとは、少人数グループの話し合いや共同作業の「アクティブ」ではなく、一人一人の思考の「アクティブ」を引き出し発揮させるのが目的の活動である。そうであれば、それぞれの教科に固有な認識方法に即した基礎知識や解決のための基礎概念の操作方法など、自主思考の土台として子どもたちに獲得させていきたい。これらを曖昧にしおろそかにすると、アクティビティの場面は活発なのだが、子どもたちの語り合う言葉が広がっていかない、深まっていかないということが起こりえる。いわゆる活動主義の壁である。

3　教室に学びを復権させること

アクティブ・ラーニングというと、いかにも海外の流れを取り入れた最新の学習方法という感じで、読者の中にはこれに付いていかないと時代遅れになりそうな感があるかもしれない。しかし、果たしてそうなのか。永年にわたって子どもたちの自治的集団づくりを追究してきた教育実践では、早くから子どもたちの相互交流と共同化に着目した学習の取り組みを創り出してきた。

例えば、全国生活指導研究協議会（全生研）の第三四回全国大会基調提案（以下、提案と略記）の「授業の中に自治を　教室に学びの復権を」がある。[4] 大会の開催は一九九二年だが、当時、すでに市場万能をルールとする新自由主義の社会観念や対人関係の考え方が教育現場にも浸透し始めていた。

この現実を背景とする子どもたちの学習を分析した同提案には、現在の困難さを先取りするかのようなところがあり、問題の構図としては今に通じるものが多くある。提案によれば、学校教育の状況として「学習の個人主義化・私物化」「基礎学力の未習熟」「義務教育段階での複線的多様化」の諸問題が見られる。その上で、提案は、学力と学習における二極化が顕著となっていることを重視して、すべての子どもの学習権、授業への参加権・意見表明権に基づいて、子どもたちの自治活動として学習を捉え直していくことを述べている。そのための授業づくりの課題として、次の四つをあげている。[5]

①「子どもたちが世界を読み取り、現在と未来をつなぐ学びを追究できるような教材を選択・配列していくこと。（中略）たとえば平和・環境・『南北』問題・人権などのグローバルな問題を取り上げ、アジア・日本や地球社会を介して、世界が自分たちの日常と密接につながっていることを認識できる授業展開にしていく」

②「（注記：子どもが対象と向き合う）内的対話の動機をつくりだす」指導としての「説明」や、「教材に切り込む視点を提示」する「問答」による学習の方向づけが必要である。

③「従来の群読や共同制作に加えて、子どもたちが共同で調査・報告するリサーチの学習方法や、ディベートによる課題解決の方法も、教材の特質に応じて授業に取り入れる」

④「教材の特性によって複数または学習班や随時の学習グループで課題に取り組ませ、相互交流をつくりだす」

故鈴木和夫氏は、当時すでにこれらの課題にせまるような授業構想を持ち、追究していた。その一例が、五年生社会科「工業」の単元でおこなった「カンコーヒーから日本を見る」の授業である。[6] これは、缶コーヒーで何を学ぶことができるかについて各班が自由に学習課題を考え、それらを教師が整理して、その実証（調査の仕方）を教師がガイドしたものである。班長会を中心に話し合い、缶コーヒー会社に手紙を出して、会社から送られた資料を基にたとえばコーヒー豆の輸入価格が原産国によって違うのはなぜかについて、子どもたちが調べた。こうした調査を基に模擬国際会議を開いて討論をおこなった。子どもたちは、日本のアルミ工業が一九八〇年代を境に空洞化が進み、インドネシアやブラジルに依存し、そこで公害まで起こしていることを突き止めていた。(7)

4 アクティブ・ラーニングにおける学びの要件と言語活動

以上の考察から引き出せることを整理して小論を締めくくりたい。

第一に、鈴木実践でも明らかなように、子どもたちの討論は、自分たちが自由に検討し設定した学習課題を踏まえたものだから主体的で意欲的になる。単元や題材を教師がお膳立てし、その到達を予め想定した枠内で、子どもたちに活発な討論やディベートを求めるのはもともと無理なことである。学習課題の設定に挑む子どもたちの自治的活動の要素、ないしは教科外で培われた自治的意識の授業への反映を、どれほど授業者が尊重し、積極的に取り入れるかは、前述したアクティビティと同じく、学習活動の質に影響するのではないだろうか。

第二に、上述の提案が述べていた以上に、いまグローバル化と学習・授業との関連がアクティブ・ラーニングにおいても必須の要件として現れている。裏返せば、グローバリズム(あるいはグローバル化)をどう見るのかという問題意識を持たなければ、アクティブ・ラーニングは、単に授業を活動主義に変容させるだけである。

先に筆者は、アクティブ・ラーニングの「アクティブ」とは、何よりも一人一人の思考を「アクティブ」にすることだと述べた。それは言い換えれば、学習対象となる言語教材に対して子ども自ら問いをもつこと、疑いをもつことである。アクティブ・ラーニングの言語活動が各自の思考を伸びやかに成長させるものなのか、それとも型にはまった見かけの活発な「話し合い」にとどまらせるものかは、学習の自律性を尊重する基本姿勢が教師側にどれだけあるのかによるところ大である。

第三に、「学習課題を子どもが決める」ことについて。鈴木和夫氏は「カンコーヒーから日本を見る」の授業を振り返ってこれからの自分の実践課題をまとめ、二つの基本的な指導性を探り当てていた。一つは「子どもたちの多様な課題とアプローチを保障し、子どもの側に引き寄せて学習を創り、それを交流、総合していく」こと。今一つは、「子どもたちが自己選択、ないしは自己決定した学習課題にそって探求する過程をコーディネートしつつ、子どもたちと論議しあいながら、彼／彼女たちがその学習したことについて自ら意見をつくり、表明していくこと」[8]。

この教師の指導性は、「ティーチャー」から「ファシリテーターおよびコーディネーター」へという国際的に求められる近年の「教員の地位と役割」に対して、鈴木氏なりに自己変革をおこなうチャレンジでもあった。

鈴木氏は、その二つの課題が交差する「授業方法」は「対話」だという[9]。彼は、「対話」とは「語り合う相互主体の出会い」だというパウロ・フレイレの言葉を引用しながら、この「対話」を介在させることが、一人一人が自ら学ぶことによる相互の学習、真の協同学習を成立させると考えたのである。

以上のことを筆者としてまとめると、子どもたちが参加し、自己選択できる余地を保障された学習において、子どもたちはこれまでとらわれていた偏見や固定観念を自ら棄て、あるいは自ら砕いて、自分が向き合う世界を自分なりの言葉で書き換えていくのである。アクティブ・ラーニングの方法として良く取り上げられる対話と討論にしても、それは、子どもたちが世界と自分の関係を書き換えることにいどむ自由な思考と表現が保障された空間なのか。それとも、指導書の求める定着と理解の枠組みの中でのそれなりに活発な発言・発話なのか。この違いは決定的といえるほどに大きい。

その際、忘れてならないのは、前者のような自律的な学習空間を創り出せるのは、常日頃から、子ども集団の自治活動に留意して指導がなされている場合である。たとえば、学級会活動やHR活動で多様な意見の対立を経て問題の解決に至る経験を子どもたちが持っていれば、授業でも、自分たちの共通の目標とは何かを意識した発言となる。そうすることで、対象をより鮮明につかめばつかむほど、その討論に加わっている仲間の存在、その（他者という）役割を一層ふかく認識できるのである。

もう読者はおわかりのように、本稿で述べてきたアクティビティにおける自己認識・他者認識・集団認識の関係がそこには学習の過程として産み出されているのである。これは、授業の中で、子どもたちが教師の助言を得て創り出したアクティビティだといってよい。

いま、アクティブ・ラーニングは、小学校から高校に至る「授業改革」の目玉として導入されようとしている。その方向性自体には、マクロに見れば必要性にもとづく面もあるであろう。

しかし、「改革」は「要注意の言葉」で、「権力が気に入る変化は改革とよばれ」るし、「改革と呼ばれるからにはいいもののはずだという前提に基づいて評価」されてはならない[10]。このことは、アクティブ・ラーニングをどう教育現場で受け止め、授業実践と付き合わせるかを考える上で、現在の私たちにとっても大事な助言である。

最後に、学力の二極化、学級集団の明らかな分層化が目立つようになったいま、ますます子どもたちの参加と共同と自治的な取り組みが必要になっている。これらなしには、アクティブ・ラーニングは活動主義どころか、結果として、市場万能型社会に適応できる自己表現型人材と、そうでない人材に子どもたちを選別することにつながっていくであろう。そのことへの警戒は必要である。

注

(1)『学校におけるいじめの実態調査とその打開策に関する日加共同研究』(一九九七〜一九九九年度科学研究費補助金(国際学術研究)研究成果報告書:研究代表者　河内徳子)二〇〇〇年三月

(2)『いじめ・孤立から参加・自治・友情へ』(一九九七年度科学研究費補助金「いじめの対処と指導」研究プロジェクト報告書:代表者　折出健二)一九九八年三月

(3) 同前、一三四〜一三五頁。

(4)「授業の中に自治を　教室に学びの復権を」(文責　折出健二)『全生研基調提案集成　第三集』(全生研常任委員会編、私家版)二〇〇〇年、一七五頁以下。

(5) 同前、一八一頁。

(6) 鈴木和夫『子どもとつくる対話の教育〜生活指導と授業』山吹書店、二〇〇五年、一二九〜一七二頁を参照されたい。

(7) 同前。

(8) 同前、一七三頁以下。

(9) 同前、一七四頁。

(10) ノーム・チョムスキー(藤田真利子訳)『グローバリズムは世界を破壊する』明石書店、二〇〇三年、三一〇頁以下。

4　「他者を理解」し「自己を発見」する言語活動であるために

深澤　広明（広島大学）

1　「PISA型」読解力と従来の国語授業のあり方

平成二〇（二〇〇八）年の三月に告示された学習指導要領で登場する各教科における「言語活動」の充実は、OECDが二〇〇〇年から三年ごとに実施しているPISAのリテラシー調査の結果に強く影響を受けたものである。とりわけ我が国においては、二〇〇三年の調査において読解力の落ち込みがはげしく、いわゆる日本版「PISAショック」とでもいうべき状況を招いた。おりしも一九九九年に刊行された『分数のできない大学生』（西村和雄ほか編、東洋経済出版社）を一つの契機として展開していた「ゆとり教育」批判が活性化していた時代である。文部科学省はPISAへの対策として『読解力向上に関する指導資料』を刊行し、批判の対象になっている平成一〇（一九九八）年版の学習指導要領について、「PISA調査のねらいとするところは、現行学習指導要領で子どもに身に付けさせたいと考えている資質・能力と相通じるものであることから、学習指導要領のねらいとするところの徹底が重要である(1)」と擁護する一方で、PISAが求める「読解力」については次のように述べて従来の国語教育における「読解」との違いを強調してみせた。

「なお、PISA調査の『読解力』とは、『Reading Literacy』の訳であるが、わが国の国語教育等で従来用いられてきた『読解』ないしは『読解力』という語の意味するところとは、大きく異なるので、本プログラムでは単に『読解力』とはせず、あえてPISA型『読解力』

と表記することにした。[2]」

あえて「ＰＩＳＡ型」という従来の国語教育とは異なる何か特別な「読解」ないしは「読解力」が調査されたことが、読解力「低下」の原因であるかのような印象を与えたかったのかもしれない。しかし、いち早く有元氏が、「ＰＩＳＡ型」という特別なものがあるのではなく、ＰＩＳＡもふくめ「国際社会」が求めている読解力が「国際標準」であること、そうしたグローバル化への対応を強調して、次のように述べている。

「国際社会で『読解力』とは、

①　正確に読んで、

②　読んだことを根拠にして、

③　自分の意見を表現すること

なのです。この三拍子がそろっていなければ、国際的な読解力とはいえないのです。

ですから、『読解力』というより『読解表現力』といった方がＰＩＳＡで求められているものに近いのです。[3]」

有元氏が示す「三拍子」①②③は、ＰＩＳＡ調査における読解プロセスの、次の三つの位相に対応したものである。[4]

①　読解〈情報の取り出し〉(Retrieving Information)：テキストに書かれている情報を正確に取り出すこと。

②　読解力〈テキストの解釈〉(Interpreting Text)：書かれた情報がどのような意味を持つかを理解したり、推論したりすること。

③　読解力〈熟考と評価〉(Reflection and Evaltion)：テキストに書かれていることを生徒の知識や考え方や経験と結びつけること。

ここに示されている「情報を取り出し、テキストを解釈し、熟考と評価をする」という読解のプロセスが、はたして文科省が言うように、従来の国語教育の読解のプロセスと大きく違うかといえば、必ずしもそうではない。というのも、授業研究等で接することの多い、これまでの国語授業のあり方を振り返ってみれば、ＰＩＳＡが示す読解のプロセスに応じた課題や発問で授業が構成されているからである。

たとえば、「ごんぎつね」に即していえば、「ごんのしたことに線を引きなさい」という指示を教師が出した場合は、「情報の取り出し」にあたり、そこでは「正確に読んでいる」かどうかが問われている。また「ごんが毎日くりやまつたけを兵十に届けたのはなぜか」という発問は、「テキストの解釈」にあたり、子どもたちに「読んだことを根拠にして」理解したり推論することを求めている。そして「そうしたごんをどう思うか」という学習課題は、「熟考と評価」にあたり、子ども自身の考え方や経験と結びつけながら各自がノートやプリントの吹き出しに「自分の意見を表現する」書く活動を行うことになる。従来の国語教育において、こうした指示や発問、学習課題は、ありふれたものではなかったか。

PISAの読解力の調査問題については、各問題が、それぞれのどの読解プロセスにあたるのかが示されている。その意味で言えば、何か特別な「読解力向上」のための指導法があるというより、従来の授業のあり方で十分PISAに対応できたのではないか。少なくとも国語科において「言語活動」の意味を問いなおすという場合、まずは「PISA型」読解力で何か「特別なこと」が求められていたわけではない、という点から出発する必要があるのではないか。

2　「読解（理解）」と「表現」の分離と統合（一体化）

では、授業研究等で見られるように、導入された「言語活動」が、「活動主義」や「形式主義」に陥りやすいのはなぜか。その背景には、平成元（一九八九）年版の学習指導要領に対応して主張された「新しい学力観」のもとで、従来の国語教育を「文学中心主義」とか「読解中心主義」あるいは「解釈中心主義」と批判し、「話す－聞く」を中心とする子どもの活動が国語授業の全面に出ていた時代をひきずっていたことが、PISAに十分対応できなかった要因の一つとして考えられるのである。さらに先述の有元氏が、PISAの求めるものを「読解力」ではなくて「読解表現力」に近いものというとき、そこには、伝統的に国語教育がかかえてきた「読解」と「表現」―戦前の「読方」と「綴方」、戦後の「理解」と「表現」―の関係をめぐる二分法的な発想の問題が潜んでいるのではないか。

たとえば、論理的思考力が強調されるなか、「書く」力を育てるという主題のもとで、教科書の説明文の「読解」において筆者の「工夫の仕方」を学んだ後、その工夫を使って自分自身が調べたことの作文を「表現」するという授業に出会う機会が多くなった。そこでは「工夫の仕方」ということで単元がつながっているようで、実際のところは、教科書の教材文の「読解」と自分自身が調べたことをもとに「表現」として書く活動とは、時間的にも内容的にも分離されて指導されることになる。教材文を「読解」したこと、まさにそのことについて、自分自身の意見として「表現」するような読解と表現を一体的に捉えるような授業を重視する発想にならなかった。だから、「ごんのしたことに線をひく」ような情報を正確に取り出す「読解」場面においても、どこに線を引いたかの発表は授業でなされても、そこに線を引いた理由について、根拠をもって読解したことを「表現」するような授業に出会うことは意外に少ないのである。

読解と表現を分離するのではなくて、統合し一体的に捉える立場に立つことは、「正確に読む」ということの根拠をめぐっての論議をすることである。その箇所がごんのしたことであると「読解」した根拠が「表現」でき、別の箇所について、そこはごんではなくて兵十のことである理由を説明することで「間違った読み」の他者を説得していくような授業に転換していく必要がある。

読解とは言語の意味内容について自分の考えを深めることであり、表現とは自分の考えを他者に伝えることである。そうした一体化を志向することが、国語教育にとどまらず、指導要録の学習評価の観点について、「思考・判断」と「表現」を一体化したものとして捉え直し、「思考力・判断力・表現力」を学力の一つの要素として位置づけた経緯もまたそこに理由がある。だから、「言語活動」は、まさに「思考（読解）と表現」を一体化したものとして評価されなくてはならない。

にもかかわらず、導入された「言語活動」が、国語授業において、「言語」の意味内容の側面としての読解や思考ではなく、「活動」の方法形態の側面としてのペアトークやノート指導ばかりが強調されることになっていった。おそらく、今世紀に入っての「学力向上」施策のもとでの「エビデンス」として「見えるもの」の強調が、そうした「活動主義」あるいは「形式主義」を招くことになったのだと思う。そこに、ＰＩＳＡとともに「読解」がクローズアップされたにもかかわらず、導入された「言語活動」が、国語授業において、「言語」の意味内容の側面としての読解や思考ではなく、「活動」の方法形態の側面としてのペアトークやノート指導ばかりが強調されることになった背景がある。しかし、そこにこそ、言語活動のあり方を問い直すべき課題と観点はある。

3 「他者を理解する」言語活動のために
――子どもの「発表」から始まる授業へ

「各教科における言語活動の充実」は、近年ますます加速して論議されている「教育のグローバル化」への最初の具体的な施策の一つであったといえよう。OECDという国際的な経済団体の意向を反映させて作成されたPISAという国際的に一元化された指標での調査結果に左右されながら、そこで測定される指標そのものについて国内的に十分な吟味をすることもなく（「現行学習指導要領と相通じる」と強調して）、各指標で測定される点数を上げるためにとられた国家レベルでの対応の仕方といえる。こうした対応の仕方は、国内的に見れば、文科省が実施する全国学力調査の点数を上げるために、県あるいは各学校のレベルで、たとえば、A問題についてはは習得型の百ます計算で習熟の徹底をはかり、B問題については活用型のグループワークの導入で思考の深化をはかる、といった対応の仕方と連動していく。そこでは、調査問題それ自体の意味内容の妥当性や子どもの誤答やつまずきの生活背景や生育のあり方について、各学校での十分な分析や検討が行われるというより、できなかった問題への対処の仕方として、既存の方法の選択や活動のあり方にばかり眼がいきがちになるのである。

こうした対処の仕方を背景としてか、少なくともここ二〇年来の国語の授業研究において筆者が実感していることの一つに、協議会における教材研究や教材解釈についての教師たちの語りが後退していることがある。そのことを同僚の国語教育学を専門とする教授に話したら、「教材研究かあ、懐かしいねえ」と言われてしまった。とりわけ「言語活動」が導入されることで協議会の話題は、授業のどの場面で書く「活動」を行うのか、話し合う「形態」はペアがよいかグループがよいのか、といった「活動」や「形態」のあり方といった授業の方法について語られることが、いっそう多くなっていった。

たしかに、具体的な方法として「活動」や「形態」について論議することによって、授業における子どもたちの外的な姿としては、子どもたちの活発な「活動」を生み出してきたし、子ども相互がかかわり合う「形態」をつくり出してきたともいえよう。しかし同時に、教師自身の教材研究が十分になされていないところで行われるこの種の論議は、「活動」の内容的側面の吟味や「形態」の機能的側面の評価についての協議が後退することになり、子どもの学びの意味内容や子どもの育ちの見通しや展望について、教師自身の「子どもの見取り」を脆弱なものにしていくことになる。そのため、子どもの外的な姿としての「活動」への評価はあっても、子どもの学びの内面レベルでの意味内容への評価が弱体化するのである。学びの意味内容への評価がなされないことで、子どもも自身もまた、「活動」を通しての学びの充実感やかかわり合う「形態」における達成感や居場所感を味わうことなく授業を終えるのである。授業のなかで表面的に、「活動」や「形態」は体験したけれども、自分自身にとっての「意味」や「達成」の実感をともなう授業後の「振り返り」を書くことにはつながっていかないのである。

子どもの「活動」や「形態」ではなく、「内容」や「達成」を評価することは、言語活動を通して「他者を理解する」ことである。教師が子どもの発言や書いたものを理解するのも、話し合いという形態で子ども相互が理解し合うのも、「他者を理解する」ことである。言語活動において「他者を理解する」こと、つまり言語を介しての「意思疎通」が重視されなくてはならない。そのことは、ＰＩＳＡのためというより、急速な社会変化に対応する言語のあり方の国内の論議を踏まえたものである。

「社会が急速に変化するなかで、子どもから大人まで意思疎通の不全が大きな社会問題になっている。

とくに昨今の小・中学校で問題化しているインターネットや携帯電話での『言葉によるいじめ』は、母語である日本語を柔軟に駆使して人間関係を構築することができないでいる子どもの問題を浮き彫りにしている。[5]」

授業において「他者を理解する」言語活動の場面を構成しようとすると、子どもたちの発表からはじまる授業への転換が必要である。個人で書いたものをグループでまとめて発表する授業で終わるのではなくて、グループの発表をふまえて、それらを相互に比較したり、違いを確認したり、共通項を探したりする授業への転換である。

多くの授業が発表でおわり、その言語活動は「意思疎通」に至らないことの証左でもある。

4 「自己を発見する」言語活動のために――「内言」を豊かにする授業へ

言語活動の充実とともに、教科書も大きく変化した。「作文」ではなく、多様な「文種」のモデルが示されることで、「書く」活動が「モデル作文」化している(6)。そこでは、自分自身の内面を探るというより、モデルに合わせてのことば探しのようにもなっている。そもそも「書く」活動は、生活綴方をはじめ伝統的な作文教育で確かめられてきたように、当初に想定していた認識や理解を変容させ、新たな自分と出会う活動でもある。

「表象をことばに転化することにより思想ははっきりしてくるだけでなく、書く以前には考えてもみなかった表象が新たに湧いてくる。たとえば、日記は知識を単に記憶から想起して陳述する活動のように思われるかもしれないが、実際に整合的な文脈をつくる過程で、新しいものがつけ加わり、知識そのものが変容したり変革させられたりする可能性があるのである。(7)」

このような言語活動を行うためには、自分自身の「内言」に耳を傾けなくてはならない。言語活動の導入で授業において「外言」は活発に行き交っているかもしれない。他者と「外言」で意思疎通をはかるだけでなく、自分自身の「内言」を豊かにするような授業が求められている。そのためには、前に書いた自分のコメントを読み直す場面や今回のコメントと比べる活動が必要であろう。教科書に示される「マイノート」のような整然とした美しいノートではなく、まさに自分自身の履歴という意味としての「ポートフォリオ」の名にふさわしくなるように、ノートの前後を比較したり、加筆したりする活動が授業で求められている。今こそ子どもの内言を豊かにしていくことが重視されなくてはならない。

国語教育における「言語活動」の意味を問い直すという場合、そもそもどのような授業であっても、読み、書き、聞き、話すという言語活動にもとづいて展開するものである。つまり、「授業のなかで、子どもたちは、教科書や板書を読み、ノートに書き、教師や同級生の発言を聞き、教師や同級生のほうに向かって自分の考えを話す。読み、書き、聞き、話すのは一人ひとりの子どもたちであるから、その意味で学習は個人的なものである。しかし、読み、書き、聞き、話すには、相手や他者が必要であるという意味では、学習は集団的、社会的なものである。このような、読み、書き、聞き、話すという言語行為を媒介して、学力は育てられる。そうすると学力とは教科内容にかかわった読み、書き、聞き、話す能力のことであり[8]」そうした能力形成の場として授業を構成することが、言語活動としての学習の「文脈」や「意味」が十分に納得され理解されていくことになる。これからの教育課程改革において「言語活動」が「資質・能力」に変わろうとも、あるいは「アクティブ・ラーニング」という用語が一人歩きしようとも、他者と「かかわり合う」言語行為研究と教科内容研究とを媒介するような学習集団づくりの授業のなかで、子どもたちが自らの学びと育ちの意味内容と達成感覚をともないながら育成されていくことに、変わりはない。

注

（1）文部科学省『読解力向上に関する指導資料―PISA調査（読解力）の結果分析と改善の方向―平成一七年一二月』二〇〇六年、東洋館、一一頁。

（2）同上書、九七頁。

（3）有元秀文『「PISA型読解力」が育つ七つの授業改革―「読解表現力」と「クリティカル・リーディング」を育てる方法―』二〇〇八年、明治図書、三―四頁。

（4）国立教育政策研究所編『生きるための知識と技能―OECD生徒の学習到達度調査（PISA）：二〇〇〇年調査国際結果報告書―』二〇〇二年、ぎょうせい、三〇頁、参照。

（5）日本学術会議言語・文学委員会「報告　日本語の将来へ向けて―自己を発見し、他者を理解する言葉―」平成二〇（二〇〇八）年七月二四日、二頁。

（6）この点に関わって小学校教科書を分析したものとして『ジャンル・アプローチを基盤とした授業方法の実証的研究』（研究代表者：中野和光、文部科学省科学研究補助金・研究成果報告書・平成二三年三月）二〇〇九年、二九頁以下、参照。

（7）内田伸子『発達心理学―ことばの獲得と教育―』一九九九年、岩波書店、二二五頁および二三〇頁。

（8）中野和光・深澤広明「まえがき」『学級の教育力を生かす吉本均著作選集　全5巻』二〇〇六年、明治図書、五頁。

Ⅳ　提言・国語科における「言語活動」の意味を問い直す

5　個人の独自な内的言語活動を観る

小川　雅子（山形大学）

1　メタ認知能力を育てる

大学の教科教育法の授業で論理的文章について、「要約する」・「要旨を書く」等の課題を出すことがある。字数を指定しないで書かせると、全文に近い長さの「要約」から、本文の終わり三行ほどを一文にした「要約」まで、様々な要約が出てくる。また、分厚い本を持ってきて、「A先生の授業でこの本の要約を提出しなければならないのですが、要約はどうすればいいですか」と質問に来る学生もいる。学生たちは、「文章や談話などの要点を短くまとめること」という「要約」の辞書的意味は理解している。しかし、対象となる本や文章の長さや内容に応じて、「要点」を「短く」まとめるということが具体的にどのようにすることなのかの判断に戸惑っているようである。

学習指導要領（国語）の「読むこと」では、「要約」は小学校三・四年生の指導事項であり、「要旨」は五・六年生の指導事項である。中学一年生の指導事項には、「目的や必要に応じて要約したり要旨をとらえたりすること。」とある。どの教科書にも「要約」・「要旨」の説明がある。したがって、教材や指導方法の違いはあっても、学生たちは「大事なことをまとめる」、「筆者の考えをまとめる」等の学習活動を経験している。それでも要約することに戸惑いや難しさを感じる学生が多いのは、読み手の目的や必要などによって、取り出す内容や分量が異なってくるからだと考える。学生自身に目的や必要感が明確でなければ、要約の視点が定まらないこともある。ここに大学における要約の指導がある。

学習指導要領にそって要約の指導を行う場合、教師が準備した学習プリントに従って要約ができたということと、要約の概念を理解し必要に応じて要約できる力を獲得するということは、同じではない。したがって、学習者の言語活動においては、課題が「できたか」「できないか」だけを問題にするのではなく、その課題を通して、様々な場面で応用できる「国語の力」を身につけるために、メタ認知能力を育てなければならない。

それには、なぜ要約する力をつけることが必要なのかと、学習者の疑問や学びの必要感を喚起して、試行錯誤の主体的な学びを成立させる支援が重要である。そして、学習者に自らの活動を意識化させて、メタ認知能力を育てるための具体的な方法を工夫する。それが、目的・相手・場面・時間などの要素によって様々に変化する言語活動の理を理解し適切に対応する主体的な「国語の力」を育てることになる。

2　内的言語活動が主体

ヴィゴツキーは、幼児の集団遊びの観察から、課題が困難になるほど自己中心的言語（伝達を目的としない非社会的言語）が増えることを見出し、自己中心的言語は課題解決に一定の機能を果たしていると考えた。自己中心的言語が減少するのは、内言化されていくからだと捉え、外言の内言化によって七〜八歳くらいで言語的思考が形成され、概念的思考の手段として内言と外言を用いるようになるとした。内言は、単なる言語マイナス音声ではなく、述語中心で省略が多く非文法的な「まったく独自の言語である」[1]と指摘した。

湊吉正は、「話す・聞く・書く・読む」の四形態に「内的言語活動」を加えて、言語活動の形態は五形態であるとした[2]。内言に着目して、現象的には「沈黙」や「間」等としてあらわれる時の内面の状態を一つの言語的活動として捉えたのである。これは、ヴィゴツキーが「まったく独自の言語である」と述べている内言の活動を、一つの言語活動として認めた重要な指摘であると考える。

ヴィゴツキーは、内言は外言の獲得後に形成されるとした。これに対して筆者は、新生児から幼児期の研究や観察を通して、外言の獲得以前に、言語記号としては未分化な感覚的認識作用による内的言語活動の場が形成されていると考え、それを内言領域と呼んだ。(3) それはすでに個人に独自な傾向をもっていて、そこに独自な環境と経験に基づいて外言と内言が獲得され、独自な個人言語体系が形成されていくと考えた。その考えから筆者は、「話す・聞く・書く・読む」の言語活動の主体は、内言領域における「内的言語活動」であると位置付けた。

この観点にたてば、学習者主体の言語活動は、教師が示したモデルや方法を手本として、同じような言語活動を繰り返すことではない。読んだり、聞いたり、見たりした自分の実感や考えを、自己内対話によって深め、それを的確に表現する方法を工夫することである。したがって、学習者の言語活動は、失敗せずに一度でできることに価値があるのではない。自身の言語活動をより的確にするように常に工夫する主体的な認識と行為に価値がある。それは、心と言葉が乖離していないかどうかを常に吟味することでもある。この観点を失って、外の手本や方法を主体とする言語活動では、表現はマンネリ化して新たな学びは生まれなくなる。

言葉と心が乖離しない言語活動をめざすということは、常に自分の気持ちを正直に話したり書いたりしなければならない、嘘をついてはいけない等ということを教えることではない。言語表現には、嘘から真実まで多様な表現が可能であることを理解することである。そして、その時の目的・場面・相手などに応じて、適切に判断し行動する言語活動主体を育てることである。

3　導入指導の観点

〈作品（手本）提示の事例〉

中学三年生の「俳句をつくる」授業の事例である。次時には、本時で作った俳句の推敲が計画されている。

まず、黒板に本時のめあてが板書された。

「感動」を、ものや自然に託した句を詠もう。

教師は生徒たちのテキストにある次の句を板書した。

しゃぼん玉景色が映りきれいだな

すかさず、男子生徒が発言した。

子ども　小学生みたい。

教師①　どうして。

子ども　終わりかたが幼稚。

他の生徒も次々発言する。

子ども　文のようだ。
子ども　見たままますぎて景色がうかばない。
子ども　「だな」って断言しないで、読み手に考える余裕があるようにした方がいい。
子ども　きれいとか言っちゃだめなんだよ。
教師②　この俳句はこんなふうに推敲されました。

と、教師は、次のように板書した。

しゃぼん玉街の動きが映ってる
しゃぼん玉ぐらり街が動き出す

生徒たちは静かになった。「すごい」「うまい」などのつぶやきが聞こえる。教師は推敲された句について解説し、さらに、学習プリントを配布して新聞に掲載された学生の俳句を取り上げた。

グランドに滲み出づるや春の泥

この句についてどのような情景が浮かぶか数人に発言させて、「ものや自然に筆者の思いを託す」と板書した。

教師③　教室を出てよいから、好きな所で、ものや自然に思いを託して俳句をつくってみよう。

と言って、教室に戻る時間を指示した。

生徒たちは教室、廊下、屋上、校庭など様々な場所を選んだ。校庭に出た生徒は、走る様子を句にしたいと言った。二人の男子生徒が「よーい、ドン」の声で走り出すと土ぼこりが立った。「こんなに土ぼこりがあがるんだ」「走り出すところほこりで見えないよ」などと驚きの声をあげていた。このように、生徒たちは思い思いの場所で自然に触れ周囲を観察していたが、その体験はなかなか五七五にまとまらず、教室に戻った。

生徒たちが句作に感じた難しさは、導入で、優れた作品や高度な方法を示されたことにあると考える。生徒には、「あのような句をつくらなければならない」という学習の姿勢が成立した。そのため、句作は季語を考えることが先行して、折角の経験は表現と結びつかなかった。

大内善一は、青木幹勇が七七歳の時に俳句指導の転換点を提起していることを指摘している[4]。青木は、それまでの指導が俳句の典型、お手本を大人の俳句に求めていたことから、子どもの俳句を新しい俳句の教材として取り上げるべきであるという考え方を強調し、さらに物語俳句への転換もみせた。手本を示して句作を課す活動の難しさを克服しようとした実践であると考える。

〈内的言語活動を主体とする観点〉

個人の独自な内的言語活動が表現活動の主体であると考える場合の導入は、他者の作品を手本とするのではない。手本は自分自身の独自な感覚や思考の中にあると意識させることが第一義となる。この観点に立てば、推敲過程で否定された「しゃぼん玉景色が映りきれいだな」を否定しないことになる。学習者の内的言語活動を主体とするならば、最初の句は否定されるべきではない。むしろ、何でもよい、思いついた言葉をいろいろ出してみることにさせる。字余りや字足らずも、うれしい楽しいなど気持ちを表す言葉も否定せず、思ったことをありのままに次々と出して五七五にしてみる。幼稚でも良いから、なんとか自分の感じたことを表現しようとしている言葉を認める。次の時間の推敲で、それを句にする表現技法を学び、自分の俳句を仕上げていくことにする。

また、最初に他者の作品を見せない場合は、窓から見える景色について自由に発言させ、それを五七五に作ってみるという、共同制作の過程を共有することで作り方を示す方法がある。

学習者の内的言語活動を主体と考えるということは、個々の学習者の知識や経験に継続させて新たな学習経験を展開させることである。学習者の活動の現状の中から良さを見つけて活動の方向性を指摘することである。学習者が、自分の目で自然を見ようとして、風を感じ、走りだす動作で土けむりが舞うことを実感した。そのことを意識した内的言語活動が表現の源泉であり、その言語化を工夫することが主体的な表現活動になる。

4　教材の魅力を生かす言語活動

渋谷幸枝は、中学二年生一二四名に、一年生の時の「読むこと」の授業について調査を行った(5)。

①「どの学習が好きでしたか」と、一七の教科書教材を列挙した中から三つを選ばせたところ、上位三位は、次のようであった。

「竹取物語」(四三%)

「オツベルと象」(四〇%)

「河童と蛙」(三九%)

その理由(自由記述)を、「教材に関するもの」と「学習活動に関するもの」に分けて上位三つをあげると、次のようになっている。

＊教材について

「竹取物語」

昔の文字や言い方に興味をもった。／古語と現代語訳の対比が面白い。／内容が面白い。

「オツベルと象」

話が面白い。／象が助けにくるシーンがよかった。／幼い時から知っていてなじみがありわかりやすい。

「河童と蛙」

リズムが面白い。テンポがいい。／詩が面白い。／河童と蛙が遊んでいるようで楽しい。

＊学習活動について

「竹取物語」

暗唱が難しかったけど達成できた。／歴史的仮名遣いを読むことができて楽しかった。／音読がすきだった。

「オツベルと象」

オツベルの気持ちを読み取るのが楽しかった。／言葉に強弱をつけて読むのが印象に残った。／たくさん意見を出せた。

「河童と蛙」

リズムにのって音読するのが楽しかった。／全員で読み方を考えたり、読み方を工夫したりしたことが楽しかった。／グループで音読して楽しかった。

②「あなたは国語の授業でどんな活動が好きですか」（選択肢に○をつける）という質問では、「グループで話し合いをすること」「漢字の練習をすること」「先生や友達の話を聞くこと」が上位三位である。

③「あなたは国語の授業中、どんなときに難しい、わからない、つまらないと感じたりしますか」については、「品詞や文の成分」「意味のわからない言葉や表現、読み方のわからない漢字があったとき」「登場人物の気持ちを読み取るとき」が上位三位である。

以上の①から③の結果から、学習者が好きな学習は、自ら活動して教材の魅力を体得した授業であったことがわかる。古語も含めて、学習者の言葉に対する興味や言葉の響きに対する意識は、「国語の力」を支える重要な感覚である。渋谷は、「授業者が好む文学的文章教材の授業では学習者の満足感が高くなっている」と考察しながら、学習者の記述に、読み方を理解したという記述がほとんどないことから、「好きだけど、苦手」という意識につながるのではないかと述べている。

説明的文章教材の学習では、学習活動の良さに関する記述が少ないことが共通している。

「オツベルと象」では、オツベルの気持ちを読み取るのが楽しかったという意見が多くあるのに対し、「登場人物の気持ちを読み取る」活動を、難しい、つまらない等と指摘する生徒も多い。作品や指導によって、同じ言語活動が学習者にとっては異なる評価になっている。このような読み方のばらつきをなくして、メタ認知能力を育てるためには、学習用語の習得が必要である。また、「品詞や文の成分」、「意味のわからない言葉や表現、読み方のわからない漢字があったとき」の学習についても、学習方法をどのように意識化させるかということが課題である。学習活動は、常に内的言語活動を主体として構想される必要があると考える。

生徒は、「グループでの話し合い」や「先生や友達の話を聞く」活動を好んでいる。それは自他の個人言語体系の違いに興味を持っているということである。様々な交流活動を通して、文章を読む視点や話し合いの論点を整理する方法などについてメタ認知能力を育てることが重要である。

5　個人に必要な指導事項を観ること

学習指導要領に教科をこえた言語活動の重視が掲げられ、他教科でも言語活動を重視した授業を参観することが多くなった。音楽の授業で「この歌をどのように歌うか」を考える学習者の話し合いは、歌詞にこめられた言葉の意味を解釈し想像し共有しようとする言語活動である。音楽や美術のように、表現媒介が異なっても、その主体は個人の内面であり、内的言語活動である。

しかし、学習者の話し合いを観察していると、積極的に発言してリードしていく学習者と、ほとんど発言のない学習者がいたり、発言者の声の大きさや語調の強さが話し合いの流れを左右したりしている。したがって、国語科における言語活動では、他教科とは異なった話し合いの指導が必要となる。国語科では、目的や形態によって話し合いのルールが違ってくること、言葉遣いや語調などが話し合いに影響を与えることなどを意識させて、各自が主体的に話し合いに参加するためにはどうしたらよいかを考えさせる指導が必要になる。

学習指導要領改訂にむけて、アクティブ・ラーニングの要請も大きく、それに対する対応も様々な形で進められている。筆者が担当している「教材開発」の授業では、教育実習から戻った三年生が実習経験をもとに、三、四人のグループで教材を開発し、授業を構想して、模擬授業を行う。学生たちは授業外にも集まって積極的に活動し、発表会には二年生や教職大学院生も参加している。

学生の発想や行動力に驚き感心することが多いこの授業でも、内的言語活動を主体とする観点から観ると、一人一人の関わり方が課題になる。模擬授業にむけて準備内容を分担することがあるが、自分の役割だけを果たせばよいと考える学生が出てくることもある。一連の活動で、教材開発力・授業構想力・授業実践力がどのように身についているかは学生によって異なるので、個人に何がどのように意識化されたのか、各個人の課題は何かを把握して適切に支援することが必要になる。

言語活動の指導でも、アクティブ・ラーニングでも、問われるのは、内的言語活動が主体となって、自分自身の言語活動を吟味する力が育っているかどうかである。そのため教師には、個々の学習者の独自な内的言語活動を洞察して、必要な指導事項を的確に判断し支援する力が必要となる。学習者によって異なる多様な個人言語体系に応じて、様々な方法や活動を工夫し創出するという客体的行為において、教師の主体性は発揮される。学習者のメタ認知能力を育てて、学習者自身が常に自分の言語活動を吟味するようになるために、学習者への深い理解と、時代に応じた指導内容の理解という、二つの鏡をもった教師の支援がますます重要になる。

注

（1）ヴィゴツキー（柴田義松訳）『思考と言語下』一九六二年、明治図書、一二三〇頁
（2）湊吉正『国語教育新論』一九八七年、明治図書二一頁
（3）小川雅子『人間学的国語教育の探究』二〇〇六年、溪水社、五〇～五一頁
（4）大内善一『国語教師・青木幹勇の形成過程』二〇一五年、溪水社、二〇四頁
（5）渋谷幸枝『学習者の実態に基づいた中学校国語での「読むこと」の単元構想』（平成二六年度山形大学長期研修報告書）二〇一五年、一六～二九頁

6　「言葉を奪われてきた子ども」たちと授業論の課題

福田敦志（大阪教育大学）

1　「言語活動の充実」と「言葉を奪われてきた子ども」

（1）「言語活動の充実」をめぐる教育政策の展開

先ごろ発表された中央教育審議会の「今後の教育課程の在り方について（これまでの議論等の要点のまとめ）（案）（整理中）」では、個々の教科の内容を越えた「目指すべき力」の構造化という観点では従来の学習指導要領は不十分であり、二〇〇八年の改訂において「是非一つだけでもと取り組んだのが言語力」であったこと、その他の種々の資質・能力については、次回改訂においては「教科ごとに連携しながら学習指導要領を作っていこう」ということが言及されている。加えて、「『何を知っているか』という『内容の計画』にとどまらず、『それを使って何ができるようになるか』まで含めて議論する」ことは、学習指導要領が告示化されて以降「これまでにない斬新で大きな変化」とまで指摘されている。[1] ここでいう「斬新で大きな変化」の先鞭をつけたのが「言語力」の形成であり、それを保障すべく構想された「言語活動の充実」であった。

「言語活動の充実」導入の経緯は、一般的には文化審議会答申「これからの時代に求められる国語力について」（二〇〇四年）および言語力育成協力者会議の論議を継承する形での二〇〇八年版学習指導要領の作成という流れとして理解されている。だが、そもそも文化審議会へ諮問が行われたのは、かの「確かな学力向上のための二〇〇二アピール　学びのすすめ」（二〇〇二年一月一七日）が出された直後の二〇〇二年二月二十日であった。さらに同年七月には「経済財政運営と構造改革の基本方針二〇〇二」をふまえる形で「『英語が使える日本人』の育成のための戦略構想―英語力・国語力増進プラン―」を文部科学省が発表するが、そのなかの「主な政策課題」の五番目に「国語力の増進」が謳われ、そこに文化審議会の答申が位置づけられていたのである。[2] すなわち、「言語力」が「是非一つだけでも」と初めに導入されたのは「グローバル人材の養成」という国家戦略の直接的であからさまな反映の結果なのである。

こうした背景のなかで「言語活動の充実」が模索され始めていたまさに同じ時代に、学校現場においては「言葉を奪われてきた子ども」の存在が認識され始めていた。

(2) 統制の対象としての「言葉を奪われてきた子ども」

「言葉を奪われてきた子ども」とは、管見によれば坂田和子氏が二〇〇四年に行った名づけに由来すると思われるが、[3] 直接的ないしは間接的な暴力的関係のなかで、自己の言葉を他者に受けとめてもらったり他者の言葉に耳を傾けたりしながら、自分の言葉を豊かにしていく経験、つまり対話のある関係を生きる経験を奪われ続けてきた子どもたちのことである。

こうした子どもたちは、たとえば「シネ」「キエロ」等の動詞の命令形を使用して他者との対話のある関係に入ることを拒否することで自分を守ろうとするが、相手のどこがどのように自分にとって我慢ならないのかを語ることができなかったり、自分の考えや気持ちを言葉で表現することができなかったりすることで、他者から「アイツハ〇〇ナヤツダ」と定義づけられることを許してしまっている。このことは、他者によって「われわれ―ヤツラ」という境界線を引かれた上で「ヤツラ」の側に押し留められ、周縁化されていくことを意味する。周縁化は、暴力的関係のなかで刻み込まれた彼ら／彼女らの自己否定感をよりいっそう強化するように作用する。結果として「言葉を奪われてきた子ども」は、対話のある関係を生きることからますます遠ざけられていくのである。

しかも「自己責任の原理に貫かれている新自由主義の社会」においては、「一部の彼らの問題」を「わたしたちの社会の問題」へと「拓いていく回路が閉じられている」がゆえに、[4] 周縁化された彼ら／彼女らの声は「われわれ」の側には聞こえない。それどころか、ちょうどこの時期から本格的に導入されようとしていた「ゼロ・トレランス方式」は、彼ら／彼女らを教育の対象ではなく、統制の対象として見ることを奨励してきたのである。[5]

(3) 権利としての「言語活動」の可能性

「言葉を奪われてきた子ども」の存在が認識され始めた時期に、「言語活動の充実」が模索され始めていたという事実は、ある意味で象徴的であろう。

文化審議会答申によれば、「国語力」は「考える力、感じる力、想像する力、表す力から成る、言語を中心とした情報を処理・操作する領域」と「考える力や、表す力などを支え、その基盤となる『国語の知識』や『教養・価値観・感性等』の領域」の二つからなり、前者が国語力の「中核」をなすものとして構想されている。ここで示された四つの力が「具体的な言語活動として発現したもの」が「聞く」「話す」「読む」「書く」という行為である。これら四つの力の内実として、「自分や相手の置かれている状況を的確にとらえる」（考える力）、「社会的・文化的な価値にかかわる感性・情緒を自らのものとして受け止め、理解できる」（感じる力）、「相手の表情や態度から、言葉に表れていない言外の思いを察することができる」（想像する力）、「自分の考えや思いなどを具体的な発言や文章として、相手や場面に配慮しつつ展開していける」（表す力）等が構想されており、こうした力を身につけるべきことが答申として示されたのである。[6]

これらの能力を身につけるべきことそのものには異論はなかろう。むしろそれは、先にふれた「言葉を奪われてきた子ども」たちにこそ必要な力であろうし、そうした子どもたちを排除する方へと追い詰められている周囲の子どもたちにとっても重要な力であろう。このとき、文化審議会答申が提起したものは「学習権宣言」（一九八五）や「子どもの権利条約」（一九八九）で示された権利の延長線上に位置づけることも可能となる。すなわち、ここで求められている能力は「身につけるべきもの」というよりも、権利として子どもたち一人ひとりに保障されるべきものだと把握した上で、教育課程や教育実践を構想していくことが重要な課題となるのである。

2 「言語活動」がもたらす恐怖

(1) 現実を綴り、語ることと非現実を綴り、語ること

「言葉を奪われてきた子ども」たちにとっては、「言語活動」で想定されている能力が保障されることによって、自らが置かれている現状を打開していく契機となる可能性がある。だが、この力を保障しようと働きかけることそれ自体が彼ら／彼女らを苦しめることも事実である。

「言葉を奪われてきた子ども」たちが現実を見つめ、それを綴り、語ることとは「みじめな自分」を自覚することにつながらざるをえない。このことに耐えきれなくなった子どもやそうなることを察知した子どもは、「語り合わなくてもわかり合える」と錯覚させてくれる「同じ匂い」を感じる子どもと行動を共にし、現実を見つめることから逃避するかのように刹那的な享楽にのめり込んでいく。あるいは、SNS等に別人格の「私」を創造し、非現実を生きる「私」の在り様を雄弁に綴っていきもする。これらはいずれも、幾度となく傷つけられてきた「私」がこれ以上傷つけられないようにするために、現実を見つめることを回避する自己防衛の行為に他ならない。(7)

このことに関わって、李静和氏が「慰安婦」ハルモニたちの語りについて、「まだ語れない、語ることのできない、あるいは語ってしまった場合生きていくことができなくなってしまうもの」を「網から抜け出していくリアリティ」と名づけ、そのリアリティへのまなざしを求めようとしていたことが想起されよう。(8) だが、「自己責任の原理に貫かれている」今日の社会においては、そのまなざしの源泉たる他者の「かなしみ」や「秘められたもの」への関心は枯渇させられている。この国の教育実践の積み重ねのなかで結晶化された「否定のなかに肯定をみる」という言葉もまた、「肯定面を見てほしければ、まずきちんとしろ」というように変質させられてしまい、子どもたちの語らずとも発せられていたであろう呼びかけに応答することは、ますます困難になりつつある。

(2) 公共空間がもつ攻撃性と「聞く」ことの恐怖

現実を見つめ、綴り、語ることのみが子どもたちを傷つけるわけではない。齋藤純一氏によれば、公共空間とは「自らを他に対して晒していく行為、自らの安全装置を部分的に解除する行為によって形成され、維持される」空間である。(9) したがって、公共空間において交わされる

言説にふれる（＝聞く）ことにおいてもまた、「みじめな自分」に気づかされることもあろう。見つめないで済ませてきたものが突きつけられることで、必死で維持してきた「安定」が揺らいでしまうこともあろう。その場合、これ以上傷つくことを避けるためには公共空間に入ることを拒否するか、そこから逃げ出すか、激しい憎悪を抱いて攻撃に転ずるかを迫られることになろう。

だが実は、こうした事態を回避する方法がもう一つある。それは、生活ないしは自分を見つめる言葉を選ばず、現実から断絶した言葉のみを扱うことを暗黙の了解として公共空間を形成することである。それは、自己の生き方を問い直さないで済ませることを可能にするがゆえに、現在の学校文化に問題なく適応できる者にも適応しづらい者にも、いずれにも「安定」を保障するものである。と同時にそれは、かりそめの「安定」と引き換えに既存の価値観の受容を暗黙裡に迫るものであり、結果として現在の学校文化に適応しやすい者にとって都合のよいしくみを再生産していくものでもある。このとき、「言語活動の充実」を追求する種々の活動は現実から遊離した言葉が飛び交うものとなり、言葉をめぐる権利を保障するものとは到底なり得ないことは明らかであろう。

(3) 出会うことの恐怖を乗り越える

一九九〇年代半ば以降から理論的にも実践的にも精力的に論議された学び論の成果として、学ぶことを通して意識化を図ることや「他者と出会い、自己と出会い、世界と出会う」こととして学びを構想することが重要であるとくり返し確認されてきた。しかしながら、「言葉を奪われてきた子ども」たちにとっても、かろうじて言葉を獲得してきた子どもたちにとっても、そうした学びの取り組み自体が恐怖を引き起こすことでもあるのである。

とはいえ、この恐怖と対峙することを避け続ける限り子どもたちを傷つけるしくみは温存され、子どもたちの自立を保障する教育は実現しえない。したがって、現実を見つめることに由来する恐怖に打ち克つ授業をいかに構想していくかが、問題の所在となるのである。

3 子どもが言葉を回復していく授業の創造

(1) 言葉があふれる広場をつくりだす

数年前、筆者がある小学校二年生の教室を訪問させていただいたときのことである。そこは子どもたちの決定に基づいて生き物たちがたくさん生活している場でもあったが、そこで一つの出来事があった。カマキリとバッタが同じ小さな虫かごのなかで生活していた空間で起こった出来事である。休み時間に何人かの子どもたちがその出来事に気づき、素っ頓狂な声をあげた。「カマキリがバッタを食べてる！」と。子どもたちは騒然となり、「見せて」「見せて」と虫かごの周りに集まる。このとき、あなたなら、子どもたちに対してどのような言葉をなげかけるであろうか。

担任教師はここで、自らも虫かごの方に近づきながら、大きな声でこう言った。「どこから食べてる？」と。この問いは、子どもたちのあいだに「私」と友だちと虫かごのなかの出来事という三項関係を成立させる問いであると同時に、その三項関係のなかで出来事に名前を与え、自分たちで名づけた出来事について語り、そこで行われていることの意味を考え合う方へと誘う呼びかけであった。実際に子どもたちは目の前で展開されている出来事を細部にわたって観察し、言葉にしながら、「なぜカマキリはバッタのお腹から食べているのか」について考えを巡らせ合っていたのである[10]。

このとき、筆者の目の前には確かに言葉があふれる広場が現前していた。それは、子どもたちの参加を引き出しながら、彼ら／彼女らにとって語るに値する出来事が起こる生活空間として教室が創造されていたこととともに、教師の問いかけが「気持ち」ではなく「事実」を問うものであったがゆえに、互いに重なり合う複数の三項関係（＝出来事を共有しつつ、「私」が他の誰かにとっては他者となっている関係）を同時に成立させ、かつ「私」の内面の動きを語ることを回避しながらも、「自分の考え」という形式で「私」の一部を語らせることに成功したからではなかったか。

この分析に一定の妥当性があるならば、現実を見つめることに由来する恐怖に打ち克ちながら子どもたちの言葉を回復させていくためには、学校のなかに共に語り合うに値する生活を創造しつつ、互いに重なり合う複数の三項関係を生じさせていくような問いかけを行っていくことが重要な指導課題の一つとなろう。

(2)「言語活動」と「授業における自治」

このような言葉があふれる広場を授業の時間と空間においても創出するためには、何を大切にしていく必要があるであろうか。

「言葉を奪われてきた子ども」たちはえてして、「ガンバッタッテドウセデキナイ」ので「サイショカラシナイホウガマシ」と思い込まされている。そうした子どもたちが「自分の意見」を強要されることに恐怖を覚えるのは、「答えや考え方には正しいものが一つだけある」ということを他の誰よりも敏感に察知しているからではなかろうか。そこには「唯一の正答」へ誘おうとする教師の授業構想への異議申し立ての芽が確かにある。

この異議申し立ての芽を授業過程の決定に参加する意志と力に転換していくためには、「唯一の正答」とされているものに対して「本当にそうなのか」を問う機会を保障していくとともに、議論してたどり着いた一つの見解に対して「不合意であることを同意する」場を保障していくことが重要となろう(11)。またこのことを可能とする学習規律を共同決定していくことも重要となろう。なぜなら、これらのことを通して「でき方」や「わかり方」の複数性を保障することができるからであり、それが子どもたち一人ひとりの尊厳の保障につながるからである。

他方で、「他者とともに読むにふさわしいテクストとは何であるか」「そのテクストを選び取る基準は何であるか」「そのテクストを選び取っていく力を一人ひとりの子どもや子ども集団に形成していく指導はどうあるべきか」といった、授業内容の決定への参加とその指導論の検討は避けて通ることができない。だがこの検討については、紙数の都合で他日に期する他ない。

「言語活動の充実」を楽天的に追求しようとするならば、その取り組みそのものが子どもたちを傷つけたり、傷つけるしくみを再生産したりすることに加担することは明らかである。授業に参加することを暴力的に拒否したり、他者とともに学び、生きることから逃げ出したりするのは、子どもたちからの呼びかけである。この呼びかけに応答し、その呼びかけの内実を子どもたちが「わたしたちの問題」として受け止めながら授業の場を自治的に運営していくことを可能にする指導論が求められているのである。この古くてなお新しい問いを引き続き追求していきたい。

注

（1）http://www.mext.go.jp/b_menu/shingi/chukyo/chukyo/004/siryo/__icsFiles/afieldfile/2015/05/25/1358105_03_05.pdf

（2）http://www.mext.go.jp/b_menu/shingi/chousa/shotou/020/sesaku/020702.htm なお、「主な政策課題」の他の四つは「学習者のモティベーションの高揚」「教育内容等の改善」「英語教員の資質向上及び指導体制の充実」「小学校の英会話活動の充実」である。

（3）坂田和子「言葉を取り戻すために―三氏の実践を読んで」『生活指導』第六〇七号、明治図書、二〇〇四年八月、三四‐四一頁所収参照。

（4）千田有紀「新自由主義の文法」『思想』第一〇三三号、岩波書店、二〇一〇年五月、一八一頁参照。

（5）文部科学省初等中等教育局児童生徒課「生徒指導メールマガジン」第一六号、二〇〇六年一月三一日付参照。http://www.mext.go.jp/a_menu/shotou/seitoshidou/magazine/06062901.htm

（6）文化審議会答申「これからの時代に求められる国語力について」、七‐八頁参照。http: // www .mext. go.jp /b_menu/shingi/bunka/toushin/04020301/015.pdf

（7）杉山春『ルポ 虐待―大阪二児置き去り死事件』ちくま新書、二〇一三年参照。

（8）李静和『つぶやきの政治思想―求められるまなざし・かなしみへの、そして秘められたものへの』青土社、一九九八年参照。

（9）齋藤純一『政治と複数性―民主的な公共性に向けて』岩波書店、二〇〇八年、一五〇頁参照。

（10）これは、二〇一〇年十月に渡辺恵津子氏の学級を訪問させていただいたときの経験である。貴重な機会に巡り合わせていただいたことに、記して感謝申し上げる。なお、このときの経験は以下の論文にまとめた。福田敦志「算数と生活を結合した学びにおける言語活動と『学習の共同化』―渡辺恵津子氏の思想と実践から―」湯浅恭正他『言語活動の充実を図る「学習の共同化と授業方法」の開発研究』（平成二一‐二三年度科学研究費補助金・基盤研究〈C〉研究成果報告書）、二〇一二年、七一‐八一頁所収。

（11）久田敏彦「当事者という視点から『学びの共同体』を問う」『国語授業の改革14』学文社、二〇一四年、一〇四‐一〇九頁所収および、平田知美他「文学の読みの指導における学習の共同化」大阪市立大学大学院文学研究科紀要『人文研究』第六四巻、二〇一三年、三七‐五九頁所収参照。

『言語活動モデル事例集』（水戸部 修治 編著）

吉田 裕久（安田女子大学）

校内研究会等に参加すると、近年、「言語活動の充実」がテーマに取り上げられていることが多い。授業の中で、言語活動をいかに充実させるかということに懸命に取り組んでいる。しかし、言語活動の充実は、それそのものがねらいではない。あくまで子どもたちの思考力・判断力・表現力等を育成する、その効果的な方法として示唆されたものである。この目的と方法との関係の把握は、このことの大前提として肝要である。

言語活動の充実に関する文献は、多く刊行されている。ここで取り上げる本書も、その示唆的な一書である。本書は、Ⅳ部（Ⅰ基本的課題、Ⅱ実践事例、ⅢQ&Aで考える「言語活動の充実」、Ⅳ関連資料）から成り立っている。

このうちⅠ部では、言語活動の充実の基盤が、次の六項目で示されている。

1 「言語活動の充実」はなぜ求められているか
2 「言語活動の目標・ねらい」は何か
3 学校全体で取り組む言語活動
4 国語科における言語活動
5 各教科等における言語活動
6 言語活動における評価の工夫

言語活動の充実が、国語科を中心に、各教科と結んで、思考力・判断力・表現力等の育成を実現するための効果的な方法であることが明示されている。

Ⅱ部には、国語科における言語活動のモデル事例をはじめ、各教科等と合わせて三一の先進的な事例が紹介されている。この中で、国語科の事例は、日本各地から、次のような六事例が収められている。

一・学習過程に着目した言語活動の充実（群馬県渋川市立伊香保小、1年）／二・音読を活用し、読むことを広げ、深める授業の実践（滋賀県彦根市立城北小、2年）／三・単元を貫く言語活動の設定（高知県土佐市立蓮池小、5年）／四・指導すべき内容や技能を明確にした国語科学習指導（山口県萩市立越ヶ浜小、5年）／五・各教科等につなぐ言語活動（鳥取県智頭町立富沢小、2・4・5年）／六・言語活動の日常化を図るアプローチ（茨城県結城市立山川小、全学年）

今日、これからの時代を主体的に生き抜いていく子どもたちの育成が、これまで以上に求められている。そのため、子どもたちの思考力・判断力・表現力等の育成が課題となっている。

本書が、その実現のための有力な参考文献として、学校等で広く活用されることを期待している。

（教育開発研究所、二〇一一年、二四〇〇円＋税）

『リスク社会の授業づくり』（子安 潤 著）

吉田 成章（広島大学）

「育成すべき資質・能力」や「コンピテンシー」という用語とともに、学習指導要領の改訂と授業づくりの改革の重要性が声高に叫ばれる。グローバル化への対応の中で、ナショナリズムの流れも台頭し、教育課程改革に拍車をかける。「何を教えるかではなく、学習者が何ができるようになったか」に授業づくりの重点をおく主張自体は、まったく正しい。「どういう力を子どもたちに身につけさせていけばいいかという『読む力』つまり『教科内容』の具体」（阿部昇『国語力をつける物語・小説の「読み」の授業』明治図書、二〇一五年、三頁）を意識した教科内容・教材研究と、どんな子どもを育てたいのかという子ども研究との接点に「言語活動」が位置づく。

「事実を吟味し、論証し合うこと」、「事実を可能な限り確かめ、なお複数の解の可能性が残る場合に、授業への参加者がそれぞれに位置を与え合う」（一七一～一七二頁）ことが本書の重要な帰結として示される。ここには、二〇一一年以降の「科学」の捉え直しの重要性と、新自由主義政策における学校教育の意味の再定義、そして授業における「教える―学ぶ」の関係性の再定位という筆者の問題意識が滲む。

ベックのリスク社会論も引き合いに、授業づくりに潜む課題を「リスク」として捉えた上で、リスク社会における教材研究は、「公認された科学の到達点を確認する」だけにはとどまらず、「真理についての複数の見地も探す教材研究」（一九頁）へと転換する必要があるとされる。こうした教材研究に基づく原発をテーマとした「授業プラン」は、教室で学ぶことの意味だけではなく、「読む」という領域で「科学」を考えることの意味をも問いかけてくる。

子どもの素朴な疑問や誤解、無理解や未知への欲求をくみ取り、教材に即した深い読みや新たな価値の創造のためには、子どもたち自身の学習要求や読みの世界を吟味する「言語活動」や「学び合い」が欠かせない。国語科における「言語活動」は学校種・教科種を超えた「学び合い」の前提を提供する。

「科学」や「真理」を絶対視しない教材研究と、子どもたちの学習要求を立ち上げる発問構成、子どもたちの学び・育ち・読みを教科内容に即して意味づける評価研究に支えられてこそ、子どもたち自身の内的な学習要求に根ざす「言語活動」を充実させる必然性と意義に応答することができるのではないだろうか。

（白澤社、二〇一三年、二〇〇〇円＋税）

V 国語科の「言語活動」を考えるための読書案内――私が薦めるこの一冊

『構想力を育む国語教育』（竜田 徹 著）

鶴田清司（都留文科大学）

本書は、「国語教育目標論は教える立場と学ぶ立場の出会いのなかから立ち現れてくる」という考え方に基づいて、学習者に「構想力」を育むための国語教育目標論を解明しようとしたものである。言語活動について正面から論じているわけではない。

しかし、昨今ブームになっている言語活動が、ともすると教師主導のもとで一方的に設定されたり、活動が自己目的化したりする傾向が強いという状況の中で、その本来的なあり方を考える手がかりを与えてくれる。

著者は、「構想力」を「言語活動のプロセス全体」の中に位置づけ、「言語生活に切り込む構想力―着想すること」「言語活動を探り出す構想力―予期すること」「言語活動を振り返る構想力―省察すること」「言語生活を切り開く構想力―希望すること」という四つの相を仮設している（第2章）。

その上で、「予期すること」（第4章）では、教師主導型の言語活動という問題を乗り越えるために、アフォーダンス理論を援用しながら、学習者自身が「これからとるべき言語活動を予期的に思考する探索活動」とそこにおける試行錯誤的な経験の重要性を説いている。

具体的には、〈目標づくり・学習課題づくりへの学習者の参加〉〈多様な言語活動の可能性に開かれた学習課題の設定〉〈学習者ひとりひとりに応じることのできる複線的な学習過程の創造〉などが提案されている。ここを読むと、子どもたちが使う教科書にまで「単元を貫く言語活動」が設定され、全国一斉に同じ言語活動に取り組むことの問題点が見えてくる。

「省察すること」（第5章）では、学習者が「予期したことと現実とのあいだを振り返り、再び言語活動を予期しなおしていく」という意味で、「省察」は「予期」の「裏返し」とする立場から、学習の成果や意義についての自己評価の重要性が説かれている。それは単なる学習の振り返りではなく、「ことばを学ぶことが自分にとってどういう意味があるのか」というレベルでの省察であり、次なる目標意識、さらに自己学習力の形成につながるものである。

本書は、言語活動を学習者の視点から捉え直し、国語学習意識を掘り起こし、自律的・自立的な言語生活者を育てるという大きな見通しの中で構想していることが特長である。

（溪水社、二〇一四年、二五〇〇円＋税）

V 国語科の「言語活動」を考えるための読書案内――私が薦めるこの一冊

『認識力を育てる「書き換え」学習』小学校編、中学校・高校編（府川源一郎・髙木まさき・長編の会 編著）

間瀬 茂夫（広島大学）

いわゆるリライト学習は、登場人物の直接的な心情描写や筆者の主張の暗黙の前提を書き加えたり、別の登場人物の視点からの物語やより明確でわかりやすい説明に書き直したりと、「読むこと」の目標に対応したさまざまな言語活動が可能である。しかし、本書では、このような「すでに存在する文章を、ある目的などに従って、書き改めること」を次のように再定義する。

> 本書にまとめた私たちの実践では、「書き換え」を単に方法として見るのではなく、書いたり書き換えたりする過程で生じる書き手の認識の変容をも一種の「書き換え」ととらえ、それをいかに促すかという方法的な面と、それがどう「書き換え」られたかという質的な面とに着目しながら、研究を積み重ねてきました。

調べた本や情報や学習者の既有知識について、教科書教材や枠組みとなる文章を参照しながら、新しい文章を産出することで認識の変容を実現するというのがここで求める「書き換え」学習である。

本書は、小学校編、中学校・高校編とも、次のような構成からなる。

第一章　書く活動の中の「書き換え」
第二章　読む活動の中の「書き換え」
第三章　言語生活の中の「書き換え」

中学校・高校編の第一章に、「手の物語をつくる」という実践（岩間正則・横浜国立大学教育人間科学部附属横浜中学校）がある。中学校二年生三学期に永六輔『職人』（岩波書店）という新書を読み、本の中の職人の言葉をリライトする学習活動を行ったが、本をうまく加工してはいても実感に乏しいものになったという反省を契機として行われたという。友達同士手を握り合いメッセージを伝える、家族や家族以外の大人の手を触ってくるといった身体と結びついた手の体験を積み重ねることで掘り起こされたことを物語に書くというものである。「大人の視点を入れたことで、手の背後にあるその人の思いや生き方について、少しでも共感していこうという姿勢が見られたような気がする」と実践者は振り返っている。リライトと認識の「書き換え」との違いがよくわかる。

府川・高木・長編の会には、次のものなどもあり、参考になる。『合科的・総合的な学習のための読書関連単元一〇〇のプラン集』東洋館出版、一九九九年

（東洋館出版、二〇〇四年、各二五〇〇円＋税）

V　国語科の「言語活動」を考えるための読書案内――私が薦めるこの一冊

『「書くこと」の言語活動25の方略』（大熊徹監修、細川太輔・井上陽童・石井健介 代表編者）

成田雅樹（秋田大学）

本書には、小中学校学習指導要領国語の「書くこと」の内容（2）である言語活動例20項目を網羅する事例が示されている。それぞれの事例では、初めの見開きページの左側（偶数ページ）に、扱う言語活動例、文種、内容の（1）である指導事項を示している。指導事項については、学習指導要領の文言だけでなく、「ポイント①」などとして、該当する学習活動とそのねらいも書かれており、授業の具体をイメージできる。右側（奇数ページ）には、監修者が提唱する学習指導過程に沿って、0次「子どもの意欲の喚起」→1次→2次→3次→「実の場における活用」というように、単元の展開と時間が示されている。こうして単元の概要をふまえ、次ページ以降の「①指導の実際」で理解を深めることができる。多くの実践で0次に他教科との関連が示されていたり、学習の様子の写真が示されていたりして、たいへんわかりやすい。「②資料」として示されている児童生徒作品などで、学習状況を推測することもできる。

また、小学校低学年、中学年、高学年、中学校の各章の扉のページには、当該学年段階の指導ポイントの解説があり、小学校ではすべての掲載事例と対応させて解説している。さらに各章の末尾には、研究者によるコラムがあり、「書くこと」指導に関するヒントにあふれている。これらは、現場の教師にとって年間の指導を構想する助けになることだろう。

言語活動と聞くと、1単位時間のいくつかの学習活動を思い浮かべることが多い。しかし、そこで言語活動を実施することが教師の責任を果たすことではない。本書が示すように、学習者自身が言語活動を通して指導事項を身につけなければならない。そのために、単元全体を構想する必要があるのである。

そして、最も大切なことは、児童生徒の興味・関心・意欲を高めることであり、思考力・判断力・観察力・知覚力・感受性・表象力等の認識諸能力を育てることである。そのための、0次（単元に先行する活動）と、実の場の活用（学びを引き出す実感としての自己評価）なのである。

（教育出版、二〇一四年、二二〇〇円＋税）

『あたらしい国語科指導法　四訂版』（柴田義松・阿部　昇・鶴田清司　編著）

小林信次（日本福祉大学）

私がこの一冊を取り上げたのは、国語の授業力をつけていくためにふさわしく、版を重ねている本だからである。本書は、編著者以外にも、多彩な執筆者（一七名）が章ごと節ごとに専門的な立場からの提案をしている。

大きな特徴としては、初版は、二〇〇三年であるが、毎年改訂され、「ＰＩＳＡ読解力」が書き加えられ、四訂版では、さらに、「『言語活動』の充実と国語科」（阿部昇の担当）が書き加えられた。これは、学習指導要領の改訂以後、現場に求められている「読む・聞く・話す・書く」と多様な実践が求められているのに、ある種の活動主義に陥りやすい傾向を持っていることへの問いかけがされている。例えば「本を紹介したり物語の感想を述べ合う等の授業が増えてきた。本を紹介するためのリーフレットやガイドブック作り、紙芝居や音読劇の創作、感想発表会などの授業もでてきている」と、このことで「国語の力にとって重要な文章・作品の読み深めや子ども相互の文章・作品についての豊かな意見交換が事実上軽視されるという事態も起こっている」と。読み深めるということを踏まえた、言語活動についての実践が求められるということであり、この指摘は重要である。

そして、この著の特徴としては、まえがきにも書かれているが、一般的なテキストにありがちな、学習指導要領を拠り所に、網羅的・総花的な傾向に対して、民間の教育研究運動の成果が随所に取り入れられていて、それが魅力になっている。言語活動についても広く丁寧に解明されている。

私は、大学の国語科教育のテキストとして共同で読み解いてきた。学生のグループが章の中から、一つの節を取り上げてレポートをしてくる。例えば、文学作品（物語・小説・詩）の学生の問題提起は、「教材内容・教科内容・教育内容の三層構造をふまえて、あなたは何を重視して、どのような工夫をして子どもたちに文学の授業をしていきたいか？」といった問いかけをもとに議論を深めるのである。

本書は、大学のテキストという活用だけでなく、現場で実践している教師がもう一度実践力をみがく上で手にとってほしい一冊だと思っている。

（学文社、二〇一四年、一九〇〇円＋税）

『本当は国語が苦手な教師のための国語授業のつくり方（小学校編）』（加藤 辰雄 著）

平野 博通（愛知県名古屋市立明豊中学校）

まず、この書名にドキッとした。「本当は国語が苦手な教師」というのは自分のことではないか？　小学校では、国語が苦手な方がいても不思議ではないが、中学校の国語教師でも、自分のように好きだけど読むのは苦手だという方がいるのかもしれない。

著者の加藤辰雄さんとは、長年サークルでご一緒させていただいているが、教材分析にしても、授業づくりにしても、実にわかりやすく、説得力がある。技術的に体系だっており、自分にもやれるかもしれないと思わせてくれるだけでなく、その技術の裏にある思想も感じ取らせてくれる。ぜひ読者諸氏も技術の裏にある思想を読みとっていただきたい。

本書は、「授業づくりの基礎・基本」「7つの授業術」「説明文・物語の読み方指導法」「定番教材の読み方指導例」の四章で構成されている。授業づくりに関する章では、国語の授業だけでなく、授業不成立に悩む先生方にぜひ読んでいただきたい内容である。なかなか人に聞きにくいコツが見開きで数多く紹介されている。「授業の受け方・学び方を徹底させる」など、授業に欠かせない「集中」をどう作り出すかが随所に散りばめられている。「発問」「板書」「ノート指導」など、毎日授業でやっていても、どんなねらいをもって行うのか曖昧な人には待ちに待ったといえる著書である。

もちろん国語の教科内容についても物語「ごんぎつね」「大造じいさんとガン」や説明文「おにごっこ」「すがたをかえる大豆」と定番教材の教材研究と授業案が具体的に示されている。

ところで、本書は、指導技術や方法が徹底的に書いてあるため、「何のため」「なぜそうするのか」という部分を読み落とさないか危惧している。加藤さんは、全ての子どもに読みの力をつけさせたいと願い、そのためには多くの教師に読みの力をつけてほしいと考えている。

本書はわかりやすさを追求している。この本の通り授業を進めれば、誰でも子どもに読みの力をつけることができるだろう。しかし、それは、基礎・基本であって、そこから国語への苦手意識をなくし、自信を持って、自分なりの工夫を付け加えていってほしい。「授業のつくり方」を通して「子どもとかかわること」を学んでほしい。そんなメッセージが込められているのではないか。

（学陽書房、二〇一五年、二〇〇〇円＋税）

V　国語科の「言語活動」を考えるための読書案内――私が薦めるこの一冊

『国語力をつける物語・小説の「読み」の授業――PISA読解力を超えるあたらしい授業の提案』（阿部 昇 著）

庄司伸子（秋田県北秋田市立鷹巣西小学校）

こんなふうに思ってしまうことはありませんか。

「国語の授業は何を教えたらいいのだろうか。」「国語の授業で他の文章でも生かせるような読み方、学び方をどう指導したらいいのだろうか。」「物語文教材を扱う単元に入る前に気持ちが重くなってしまう。」

また、日々子どもたちと向き合い、どうしたら力をつけることができるだろうか、どうしたら「考えるのは面倒だ」などと遠慮なく言い放ってくる子どもたちに、読む意欲を高め、より学びある国語科の授業ができるのだろうかと困っている現場の先生達はたくさんいらっしゃるのではないでしょうか。そのような先生方に本書はぜひおすすめしたい一冊です。

著者である読み研代表の阿部昇氏は「物語・小説を『読む力』を子どもにつけることができていないという状態を大きく乗り超えるために、本書を書いた。」と述べています。

本書は大きく二部構成となっています。第一部ではまず三つの「指導過程」（構造よみ、形象よみ、吟味よみ）を示し、それぞれの「指導過程」で身につけさせる「教科内容」について取り上げています。「教科内容」として、たくさんの「読む方法」を提示してくれています。そこでは様々な「読む方法」と多くの物語・小説の教材を挙げ、どのような点に着目したらいいのかという具体例を提示してくれています。

また第二部では小学校教材として「ごんぎつね」、中学校教材として「走れメロス」を取り上げ、第一部で提案された「指導過程」「教科内容」を活用した新しい「読み」の授業の検証例を示しています。

読み進めていくと、常に新しいことに取り組まなくてはならないというのではなく、大なり小なり自身の授業実践ですでに行っていることが「読む方法」の中には含まれているということがわかるはずです。授業者たる自分自身の普段の実践に意味付けをしてくれる本であるとも言えるのではないでしょうか。この本を通して、「教材で教える」授業から、「教材を教える」つまり、様々な文章でも生かせる「読みの力」をつける指導の仕方が見えてくるのではないかと思います。

国語科が専門の先生にも、専門ではないけれども校種によって日々国語科に携わっている先生にもきっとためになる一冊です。

（明治図書、二〇一五年　二六〇〇円＋税）

Ⅵ　連載・教材研究のポイント［第二回］

「スイミー」（レオ＝レオニ）の教材研究――ここがポイント

阿部　昇（秋田大学）

「スイミー」は一九三六年に出版された。日本では谷川俊太郎の訳で一九六九年に出版される。教科書には一九七七年から光村図書の小２国語教科書に掲載され現在に至る。その後学校図書・東京書籍も採択している。作者自身による挿絵が絵本でも教科書でも使われている。

１　「スイミー」の構造よみ――「発端」と「クライマックス」への着目

この作品は導入部―展開部―山場の三部構造である。構造は下段のとおりである。

導入部では「小さなさかなのきょうだいたちが、たのしくくらしていた。」「一ぴきだけは、からす貝よりもまっくろ。」「名前はスイミー。」など登場人物やそれまで

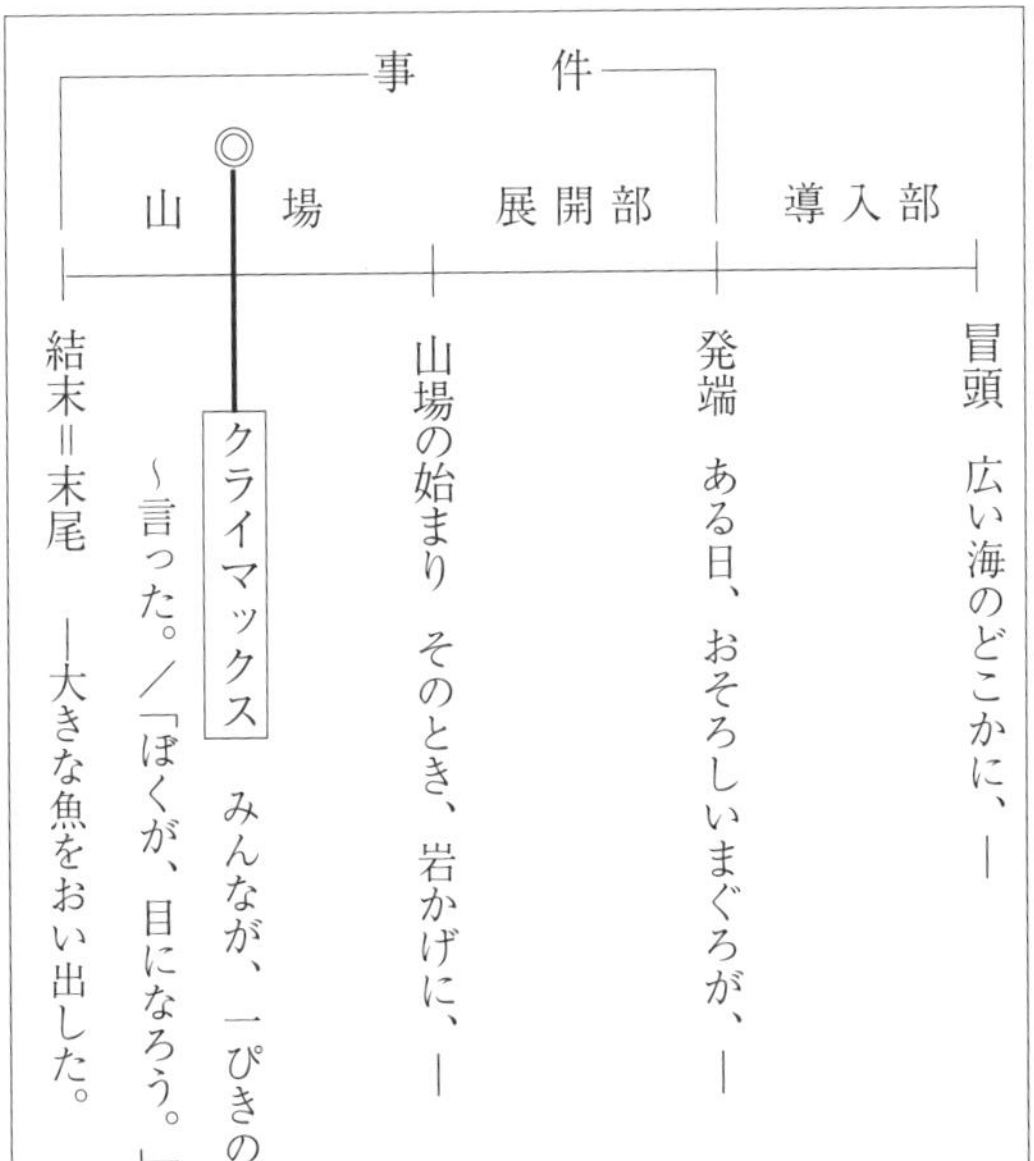

の日常が説明されている。そして発端「ある日、おそろしいまぐろが、おなかをすかせて、すごいはやさでミサイルみたいにつっこんできた。」から事件が始まる。
「スイミー」の発端の特徴を整理すると次になる。括弧内は多くの物語に共通する発端把握の指標である。

1　スイミーたち小さな魚とまぐろとのせめぎ合いという事件がそこから始まる。**（事件の始まり）**
2　スイミーたち小さな魚とまぐろとが（襲う襲われるという形で）そこで出会う。**（人物の出会い）**
3　楽しくくらしていたスイミーたちの日常が破られ非日常的な状況が生まれる。**（日常↓非日常）**
4　「〜くらしていた。」など説明的な書かれ方からつっこんできた。」など描写的な書かれ方に変わる。**（説明的書かれ方↓描写的書かれ方）**

クライマックスは「みんなが、一ぴきの大きな魚みたいにおよげるようになったとき、スイミーは言った。／『ぼくが、目になろう。』」である。この作品の事件で最も決定的な部分である。ここで「大きな魚」は完成し、スイミーたちは大きな魚を追いだすことになる。また、スイミーの大きな成長を読むこともできる。

クライマックスを探っていく授業では、直前の「それから、とつぜん、スイミーはさけんだ。／『そうだ。みんないっしょにおよぐんだ。海でいちばん大きな魚のふりをして。』」がクライマックス候補として出ることがある。確かにここは「とつぜん〜さけんだ」など劇的であり描写性も高い。また「みんないっしょにおよぐ」という指導が解決を呼び込むことになる。ただし、ここではまだ「大きな魚」は未完成である。その次にスイミーは「みんな、もちばを、まもること」などの指示を出している。さらに次には「みんなが、〜およげるようになったとき」とある。そこまでまだ魚たちは大きな魚みたいにはなれていないということである。「ぼくが、目になろう。」の直前で目を除く大きな魚の姿は完成する。そして、「目になろう。」で最終的な完成となる。また、この「目になろう。」は、導入部の「まっくろ」という人物設定が伏線として生きるという仕掛けでもある。

「スイミー」のクライマックスの特徴を整理すると次になる。括弧内は多くの物語に共通するクライマックス把握の指標である。

1　スイミーたち小さな魚が「大きな魚」を完成し、事件の流れがそこで決定的となる。**（事件の決定）**

2　読者により強くアピールする書かれ方になっている。**（読者への強いアピール）**

(1)「ぼくが、目になろう。」など描写性の密度が特に濃い。**（描写の密度の濃さ）**

(2)「〜とき」など緊迫感・緊張感が特に高い。**（緊迫感・緊張感）**

(3)「とき、〜言った。」→「『ぼくが、〜』」など倒置的効果がある。**（表現上の工夫）**

3　弱い者の協力の価値、否定的異質性の価値、人物の成長など主題に関わる。**（主題との関わり）**

「発端」と「クライマックス」への着目によって、この作品の構造が俯瞰できる。それにより、事件の全体像や構造上の仕掛け（伏線等）が把握でき、何よりこの後の「形象よみ」で鍵となる重要部分への着目がより容易となる。

2　「スイミー」の導入部と展開部の形象よみ

形象よみで、まず大切なのは、導入部、展開部、山場それぞれでどの語句、どの文にこそ着目するかということである。もちろんより重要なより節目となる鍵の部分に着目していくのだが、それは構造よみで着目した「クライマックス」などを意識することで効果的に行える。

(1)　導入部の形象よみ―スイミーの人物設定

導入部で、事件が始まる前に人物などの設定が示される。この作品では特に次の一文のもつ意味が大きい。

みんな赤いのに、一ぴきだけは、からす貝よりも
まっくろ。

普通なら「スイミーはくろかった。」という紹介で十分である。ここではスイミーの「くろ」を何重にも強調している。ここには主に七つの技法や工夫が隠れている。

a「まっくろ」という体言止めによる強調
b「まっくろ」の「真」という接頭語による強調
c「からす貝より」と比べそれ以上という比況による強調（「からす貝」の「からす」は隠喩）

d「だけ」という限定による強調。
e「みんな」と「一ぴき」の数の対比による強調
f「赤」と「くろ」という色の対比による強調
g「のに」は、逆接的な意味をもつ助詞による強調

「のに」は逆接というだけでなく、本来であればそうあってほしくない、期待と違うという見方が含まれる。「本当は行きたかったのに〜」などと使われる。スイミーの「くろ」が異質なものとして、やや否定的に扱われていると読める。そして、この「くろ」の強調がクライマックス「ぼくが、目になろう。」で生きてくる。導入部ではやや否定的に扱われていた人物の設定だが、（クライマックスで）その異質性こそが集団を救うというこの作品の主題の一つを生み出していく。

導入部で、もう一つ是非着目したいのは、次である。

名前は、スイミー。

物語や小説では人物の名前が重要な意味をもつ。名前そのものに特徴や性格、出自などが暗示される。「桃太郎」「浦島太郎」「竜の子太郎」などがそれにあたる。「チャーリーブラウン」の「スヌーピー」＝「Snoopy」の「snoop」は、「かぎ回る」「うろつき回る」という動詞であり「おせっかい」「詮索好き」という名詞である。「大造じいさんとガン」の「残雪」「大造」、「走れメロス」の「メロス」「ディオニス」などからも多くのことが読める。

「スイミー」は「Swimmy」。「swim」＝「泳ぐ」という動詞が含まれる。スイミーの泳ぎの上手さを暗示する。実際に「およぐのは、だれよりもはやかった。」とある。

(2) 展開部の形象よみ

展開部で事件が動き出す。ここでも構造よみで着目したクライマックスなどが鍵の部分への着目で生きる。まず着目したいのは、発端の一文である。

ある日、おそろしいまぐろが、おなかをすかせて、
すごいはやさでミサイルみたいにつっこんできた。

ここからは、様々なことが読めるが、稿の都合で直喩

表現「ミサイルみたい」を読む（技法への着目は形象よみでは重要な指標である）。

「ミサイル」によって、まぐろの速さの程度を表現している。ただし、それだけならば「飛行機のように」「鳥のように」などでもよい。「ミサイル」は、まず殺傷兵器である。それも通常の銃器などとは違い、一度に大量の人命を奪う大量破壊兵器である。そのうえ、通常の爆弾と違って、誘導装置などにより正確に目標に到達する。逃れることの難しい大量破壊兵器である。また、ミサイルは、鳥や飛行機などに比べることができないくらいのスピードである。小さな魚たちにとって、それくらい恐ろしい逃げることの極めて難しい対象である。

またミサイルは先が尖った円錐形である。まぐろも円錐形に近い。さらにミサイルは無機質な金属である。冷たい無機質感がまぐろの不気味さを強調する。

もう一つの節目は、「こわ」く「さびし」く「かなしかった」スイミーが「元気をとりもど」す部分である。

　にじ色のゼリーのようなくらげ。
　水中ブルドーザーみたいないせえび。
　見たこともない魚たち。見えない糸でひっぱられている。
　ドロップみたいな岩から生えている、こんぶやわかめの林。
　うなぎ。「かお」を見るころには、しっぽをわすれてい　るほど長い。
　そして、風にゆれるもも色のやしの木みたいないそぎんちゃく。

まず着目すべきは比喩である。くらげ、いせえび、魚たち、こんぶやわかめ、うなぎ、いそぎんちゃくは、これ以外の比喩でも表現できる。これらの直喩、隠喩のもつ形象性、それらの傾向性・一貫性を読む必要がある。

「ゼリー」「ドロップ」は子どもが好きなお菓子である。「ブルドーザー」は、いせえびの大きさとすると、オモチャのブルドーザーである。子どもが好きなオモチャである。「見えない糸でひっぱられ」同時に動く子ども向けのものと言えば、マリオネットなどの人形劇が思い浮かぶ。これも子どもが好きなものである。「風にゆれるもも色のやしの木」は、楽園のイメージであろうか。うなぎは、「顔を見るころには、しっぽをわすれている」という誇張された冗談、笑い話である。

いずれも子どもにとって好きなもの、楽しいものが比喩に使われている。読者を子どもと想定している作品であろうから、その親和性が読める。そう表現しているのは語り手だが、これはこの時のスイミーの見方と重なる。

「くらげ」「いせえび」「魚たち」「こんぶやわかめの林」「うなぎ」「いそぎんちゃく」は、いずれも体言止めである。ここでは「くらげがいた。」「いせえびが動いていた。」「魚たちが泳いでいた。」などとするのではなく、体言とすることにより、通常の文の説明臭さを消している。それにより、まるで絵のように「くらげ」「いせえび」「魚たち」「こんぶやわかめの林」「うなぎ」「いそぎんちゃく」などが、そのまま読者の前に投げ出される。生き生きとした形象が、絵や写真、ビデオ映像のように読者に強く印象づけられる。より描写性を高める絵画的な効果である。もともと「体言止め」の重要な効果の一つにこの「絵画効果」がある。

3 「スイミー」の山場の形象よみ——主題への総合

山場では事件が決定的局面を迎える。クライマックスに向かって事件が今まで以上に大きく動く。鍵となる部分は、より多くなる。その中でも特に節目となりクライマックスに強くつながる部分に着目し、主題に総合する。

山場では、その始めの「そのとき、岩かげにスイミーは見つけた。スイミーとそっくりの、小さな魚のきょうだいたちを。」が鍵の一文である。倒置法が使われている。倒置法は述語の位置を変えることで前に出された部分を強調する場合があるが、この一文の倒置は、「見つけた。」を先に言うことで、「いったい何を見つけたの？」という期待効果も生んでいる。この作品では倒置が多用されているが、それぞれ効果が少しずつ違う。

次に着目すべきは「スイミーは考えた。いろいろ考えた。うんと考えた。」である。反復法である。「スイミーは、いっしょうけんめい考えた。」など一文で表現することもできた。しかし、反復法により思考の深さ、試行錯誤の様子、時間の長さ、煩悶・苦しみが見えてくる。

（倒置法や反復などを読む際は、普通の表現を対置し、その差違から形象を深めるという方法が有効である。）

そして、クライマックスに至る直前の部分Ａ「それから、とつぜん、スイミーはさけんだ。／『そうだ。みんないっしょにおよぐんだ。海でいちばん大きな魚のふりをして。』」、Ｂ「スイミーは、教えた。けっして、はなればなれにならないこと。みんな、もちばをまもること。」に着目する。ともに倒置法である。Ａは、この作品の主題につながる「みんないっしょにおよぐ」という重要な要素が含まれている。Ｂからは、小さな魚たちが経験したことのない「大きな魚」作りの難しさが読める。スイミーが「はなればなれにならない」「もちばをまもる」とわざわざ言ったということは、「はなればなれ」になり「もちば」を守れないでいることを、逆に示す。実際に絵本版では、この部分は未完成な魚が描かれている。

次のクライマックスで事件の流れは決定的となる。

みんなが、一ぴきの大きな魚みたいにおよげるようになったとき、スイミーは言った。

「ぼくが、目になろう。」

スイミーの指導が実り、小さな魚たちは力を合わせ「大きな魚」の形になることができる。ただし、赤いだけだから目がまだない。そこで一匹だけ「まっくろ」なスイミーが目の役割を担う。それで「大きな魚」は完成する。

「目」は先を見通す役割をする。もちろんここでは本当の目ではないが、危険を察知したり、方向を決めたりするために必須のものである。ここで「目」は「リーダー」という象徴的な意味ももつ。また、「目」は「台風の目」のように「中心」という意味をもつことがある。それまでも事実上リーダーとしての役割を果たしてきてはいるが、ここでそれがより明確になる。

スイミーは、これ以前は指示を出すだけで自分自身は参加していない。スイミー自身が「大きな魚」の一部として参加するという意味もある。リーダーは常に内部にいないといけないわけではないが、ここでは仲間の一部となり貢献する。これもスイミーの成長の一つである。

導入部の人物紹介では「みんな赤いのに～」とあった。「のに」は、「期待と違う」「そうでない方がいい」という言外の意味がある。「丁寧に説明したのに、理解していない」などである。「みんな赤いのに、スイミーだけ黒いのはなぜ」といった否定的な異質性がそこで示される。しかし、その一見否定的に見える異質性が集団を救うということの作品のもう一つの主題が見えてくる。異質性こそが、集団では大切な意味をもつという主題も見えてくる。

主題をまとめると次となる。

> 1　一人一人は小さな力でも、力を合わせることで凶暴で強い相手にも打ち勝つことができる。
> 2　一見否定的に見える異質性こそが、集団を救う。
> 3　怯えたり絶望したり悲嘆にくれたりしながらも、試行錯誤する中でリーダーとして成長していく。

4　「スイミー」の吟味よみ

吟味よみでは、構造、形象、主題と読んできた過程を、もう一度振り返りながら作品を吟味する。低学年を前提とすると、次のような吟味よみが可能である。

(1)　「スイミー」で好きなところを見つける

「この作品で好きなところ」「この作品の工夫で一番よいと思うところ」「一番感動した場面」などを、構造よみ、形象よみを振り返りながら見つけ出す。「一ぴきだけは、からす貝よりもまっくろ。」が、クライマックスで生かされるということの意味、「にじ色のゼリーのような」などの比喩の面白さなどを再読し吟味する。

(2)　「スイミー」の主題について考える

「スイミー」の主題は複数読めるが、「自分はその中のこのテーマが一番好き」「一番大切と思う」などを考えさせる吟味である。また、自分自身の経験と重ね合わせながら、それらの主題を読み直すという吟味もある。

(3)　レオ＝レオニの他の作品と読み比べる

レオ＝レオニは、「スイミー」以外にも「フレデリック」「アレクサンダとぜんまいねずみ」など多くの作品を書いている。「スイミー」と人物像や主題が似ている作品もある。それらを読む機会を作り「スイミー」の人物像や主題と比べさせることも吟味として有効である。

【編集委員紹介】

阿部　昇（あべ　のぼる）〔編集委員長〕
秋田大学教育文化学部教授。
『読み』の授業研究会代表、日本教育方法学会常任理事、全国大学国語教育学会理事、日本NIE学会理事。
〈主要著書〉『国語力をつける物語・小説の「読み」の授業―PISA読解力を超えるあたらしい授業の提案』明治図書、『文章吟味力を鍛える―教科書・メディア・総合の吟味』明治図書、『頭がいい子の生活習慣―なぜ秋田の学力は全国トップなのか』ソフトバンククリエイティブ、他。

加藤　郁夫（かとう　いくお）
「読み」の授業研究会事務局長。
〈主要著書〉『教材研究の定説化「舞姫」の読み方指導』明治図書出版、『科学的な「読み」の授業入門』［共著］東洋館出版社、『日本語の力を鍛える「古典」の授業』明治図書出版、他。

永橋　和行（ながはし　かずゆき）
立命館小学校教諭。
「読み」の授業研究会事務局次長。
〈主要著書〉『教材研究の定説化「おこりじぞう」の読み方指導』明治図書出版、『教材研究の定説化「お母さんの木」の読み方指導』［共著］明治図書出版、『総合的学習の基礎づくり３「学び方を学ぶ」小学校高学年編』［共著］明治図書出版、他。

柴田　義松（しばた　よしまつ）
東京大学名誉教授。
日本教育方法学会理事。日本教育方法学会代表理事、日本カリキュラム学会代表理事などを歴任。
〈主要著書〉『21世紀を拓く教授学』明治図書出版、『「読書算」はなぜ基礎学力か』明治図書出版、『学び方の基礎・基本と総合的学習』明治図書出版、『ヴィゴツキー入門』子どもの未来社、他。

国語授業の改革15
国語科の「言語活動」を徹底追究する
――学び合い、学習集団、アクティブ・ラーニングとしての言語活動

2015年８月25日　第１版第１刷発行

「読み」の授業研究会［編］
（編集委員：阿部昇／加藤郁夫／永橋和行／柴田義松）

発行者　田　中　千津子
発行所　株式会社　学　文　社
〒153-0064　東京都目黒区下目黒３-６-１
電　話　03（3715）1501㈹
ＦＡＸ　03（3715）2012
振　替　00130-9-98842
http://www.gakubunsha.com

印刷所　メディカ・ピーシー
乱丁・落丁の場合は本社でお取替します
定価はカバー，売上カードに表示

ISBN 978-4-7620-2568-6

国語授業の改革

「読み」の授業研究会　編　　　　各巻　定価（本体2300円＋税）
A5判 192頁

14号　授業で子どもに必ず身につけさせたい「国語の力」
—教科内容・指導事項の再構築と「言語活動」を生かした楽しい授業
ISBN978-4-7620-2472-6

13号　若い教師のための「言語活動」を生かした国語の授業・徹底入門
—「ねらい」の決め方、教材研究のコツ、授業展開のポイント
ISBN978-4-7620-2394-1

12号　「言語活動」を生かして確かな「国語の力」を身につけさせる
—新学習指導要領・新教科書を使った新しい国語の授業の提案
ISBN978-4-7620-2303-3

新学習指導要領
11号　新しい教科書の新しい教材を生かして思考力・判断力・表現力を身につけさせる
ISBN978-4-7620-2210-4

10号　国語科教科内容の系統性はなぜ100年間解明できなかったのか　—新学習指導要領の検証と提案
ISBN978-4-7620-2105-3

9号　新学習指導要領をみすえた新しい国語授業の提案
—「言語活動」「言語能力」をどうとらえるか
ISBN978-4-7620-1988-3

8号　PISA型「読解力」を超える国語授業の新展開
—新学習指導要領を見通した実践提案
ISBN978-4-7620-1869-5